bup
BERLIN UNIVERSITY PRESS

**Gott denken?**
Eine Spurensuche in Religion und Literatur.
Ausgewählte Texte
herausgegeben von
Ludger Honnefelder

Ein Begleitbuch der
Berlin University Press

Ludger Honnefelder (Hrsg.)
**Gott denken?**

Erste Auflage März 2009
© Berlin University Press
Quellenhinweise am Ende des Bandes
Alle Rechte vorbehalten


*Umschlag*
Groothuis, Lohfert, Consorten | glcons.de
*Satz und Herstellung*
Dittebrandt Verlagsservice, Baden-Baden
*Schrift*
Borgis Joanna MT
*Druck*
DruckPartner Rübelmann GmbH, Hemsbach
ISBN 978-3-940432-51-3

*Wenn ich jetzt sterben müßte, würde ich
sagen: »Das war alles?«
Und: »Ich habe es nicht so richtig
verstanden.« Und: »Es war ein bißchen laut.«*

KURT TUCHOLSKY


Ich brauche keine Bequemlichkeiten.
Ich will Gott,
ich will Poesie, ich will wirkliche Gefahren
und Freiheit und Tugend. Ich will Sünde.

ALDOUS HUXLEY


*An einen Gott glauben heißt sehen, daß es
mit den Tatsachen der Welt noch nicht abgetan ist.*

LUDWIG WITTGENSTEIN

## SUCHE NACH DEM URSPRUNG

Alles hat seine Stunde
und jedes Geschehen unter dem Himmel hat
 seine Zeit:
eine Zeit zum Leben und eine Zeit zum Sterben,
eine Zeit zum Pflanzen und eine Zeit zum
 Ausreißen,
eine Zeit zum Töten und eine Zeit zum Heilen,
eine Zeit zum Bauen und eine Zeit zum
 Niederreißen,
eine Zeit zum Lachen und eine Zeit zum Weinen,
eine Zeit zum Trauern und eine Zeit zum Tanzen,
eine Zeit zum Steinewerfen und eine Zeit zum
 Steinesammeln,
eine Zeit der Umarmung und eine Zeit der
 Enthaltung,
eine Zeit zum Suchen und eine Zeit zum Verlieren,
eine Zeit zum Bewahren und eine Zeit zum
 Verwerfen,
eine Zeit zum Zerreißen und eine Zeit zum
 Zusammennähen,
eine Zeit zum Schweigen und eine Zeit zum Reden,
eine Zeit zum Lieben und eine Zeit zum Hassen,
eine Zeit für den Krieg und eine Zeit für den
 Frieden.

PREDIGER 3, 1–7

Am Anfang war nicht das Nichtsein noch das Sein.
Kein Luftraum war, kein Himmel drüber her. –
Wer hielt in Hut die Welt, wer schloß sie ein?
Wo war der tiefe Abgrund, wo das Meer?
Nicht Tod war damals noch Unsterblichkeit,
Nicht war die Nacht, der Tag nicht offenbar. –
Es hauchte windlos die Ursprünglichkeit
Das Eine, außer dem kein andres war.

RIGVEDA X, 129, 1–2


Ich kenne diesen höchsten Geist, den sonnenfarbigen, jenseits des Dunkels. Nur wer ihn erkannt, überschreitet den Tod. Es gibt keinen anderen Pfad, um dorthin zu gelangen.

Der jenseits dieser Welt ist, ist ohne Gestalt und ohne Leiden. Die dieses wissen, werden unsterblich, andere gehen ein in lauter Leiden.

Er, wahrlich, ist der große Herr, er bewegt das Seiende. Er, das unvergängliche Licht, führt zum reinsten Ziel.

SHVETÄSHAVATARA-UPANISHAD III, 8. 10. 12

Am Anfang aller Dinge herrschte das große, dunkle und formlose Chaos. Die Offenbarung der fünf Elemente hatte noch nicht begonnen, die Sonne, der Mond schienen noch nicht. Mitten in diesem Chaos waren weder Form noch Laut wahrzunehmen. Da tatest du, o Höchster Geist, deine Macht kund und begannst, das Grobe und das Feine voneinander zu trennen. Du hast den Himmel erschaffen, du hast die Erde erschaffen, du hast den Menschen erschaffen. Alle Wesen haben von dir ihr Dasein und die Kraft sich fortzupflanzen erhalten.

CHINA

Mir gestand der Sterblichen Staunen als
das Größte
Daß Erde nicht war noch oben Himmel
Noch irgend ein Baum noch Berg nicht war.
Noch Sonne nicht schien
Noch Mond nicht licht war noch die mächtige See
Da dort nirgends nichts war an Wenden und
    Enden
Da war doch der eine allmächtige Gott …

DAS WESSOBRUNNER GEBET

Mose weidete die Schafe und Ziegen seines Schwiegervaters Jitro, des Priesters von Midian. Eines Tages trieb er das Vieh über die Steppe hinaus und kam zum Gottesberg Horeb. Dort erschien ihm der Engel des Herrn in einer Flamme, die aus einem Dornbusch emporschlug. Er schaute hin: Da brannte der Dornbusch und verbrannte doch nicht. Mose sagte: Ich will dorthin gehen und mir die außergewöhnliche Erscheinung ansehen. Warum verbrennt denn der Dornbusch nicht?

Als der Herr sah, daß Mose näher kam, um sich das anzusehen, rief Gott ihm aus dem Dornbusch zu: Mose, Mose! Er antwortete: Hier bin ich. Der Herr sagte: Komm nicht näher heran! Leg deine Schuhe ab; denn der Ort, wo du stehst, ist heiliger Boden. Dann fuhr er fort: Ich bin der Gott deines Vaters, der Gott Abrahams, der Gott Isaaks und der Gott Jakobs. Da verhüllte Mose sein Gesicht; denn er fürchtete sich, Gott anzuschauen.

Gott aber sagte: Ich bin mit dir; ich habe dich gesandt, und als Zeichen dafür soll dir dienen: Wenn du das Volk aus Ägypten herausgeführt hast, werdet ihr Gott an diesem Berg verehren.

Da sagte Mose zu Gott: Gut, ich werde also zu den Israeliten kommen und ihnen sagen: Der Gott eurer Väter hat mich zu euch gesandt. Da werden sie mich fragen: Wie heißt er? Was soll ich ihnen darauf sagen?

Da antwortete Gott dem Mose: Ich bin der »Ich-bin-da«. Und er fuhr fort: So sollst du zu den Israeliten sagen: Der »Ich-bin-da« hat mich zu euch gesandt. Weiter sprach Gott zu Mose: So sag zu den Israeliten: Jahwe, der Gott eurer Väter, der Gott Abrahams, der Gott Isaaks und der Gott Jakobs, hat mich zu euch gesandt. Das ist mein Name für immer, und so wird man mich nennen in allen Generationen.

EXODUS 3, 1-6. 12–15


Vieles noch wußte Urvater von Gott zu lehren,
aber er wußte nichts von Gott zu erzählen
– nicht in dem Sinn, wie andere zu erzählen wußten von
ihren Göttern. Es gab von Gott keine Geschichten.

THOMAS MANN

Über die Götter allerdings habe ich keine Möglichkeit zu wissen weder daß sie sind, noch daß sie nicht sind, noch, wie sie etwa an Gestalt sind; denn vieles gibt es, was das Wissen hindert: die Nichtwahrnehmbarkeit und daß das Leben des Menschen kurz ist.

PROTAGORAS

Doch wähnen die Sterblichen, die Götter würden geboren und hätten Gewand und Stimme und Gestalt wie sie.

XENOPHANES

Wie Kinder, ihrem Vater und ihrer Mutter entrissen, ein unwiderstehliches Sehnen nach ihren Eltern haben und im Traum oft die Hände nach ihnen, die doch gar nicht anwesend sind, ausstrecken, so machen es auch die Menschen mit den Göttern. Sie lieben sie mit Recht wegen der empfangenen Wohltaten und der Verwandtschaft mit ihnen und streben auf jede Weise danach, ihnen nahe zu sein und mit ihnen zu verkehren.

DION CHRYSOSTOMOS

Hat wohl Moses recht oder Xenophanes? Hat Gott den Menschen nach seinem Bilde geschaffen, oder gestaltet nicht vielmehr der Mensch Gott nach dem seinigen?

Aller Schein spricht für Xenophanes – und dennoch ist wahr, was Moses sagt. Und im Grunde meint das auch Xenophanes. Jede Vorstellung von Gott ist menschlich – aber im Menschen selbst ist etwas über jede Vorstellung hinaus, das ihn Gott in Wahrheit erkennen läßt. Der Mensch, so erläutern die Väter, ist nach dem Bilde Gottes aus eben dem unbegreiflichen Grund seiner selbst unbegreiflich.

HENRI DE LUBAC

Die Betrachtung der höchsten Wahrheiten ist für den Menschen die größte Erfüllung und das, was seiner Natur am meisten entspricht. Denn in ihr erreicht die Natur des Menschen als Mensch ihre höchste Entfaltung. Besonders gilt dies von der Betrachtung der göttlichen Dinge, denn in ihr wird die menschliche Vernunft dessen gewahr, was ihr eigentliches Wesen ist. Denn nur der Mensch ist als Mensch Vernunft.

ALBERTUS MAGNUS

Beim Aufgang der Sonne sahen sie mit Erstaunen, welch große Schar, Gläubige und Neugierige, hier genächtigt hatte. In allen Wegen des herrlichen Haines wandelten Mönche im gelben Gewand, unter den Bäumen saßen sie hier und dort, in Betrachtung versenkt oder im geistlichen Gespräch, wie eine Stadt waren die schattigen Gärten zu sehen, voll von Menschen wimmelnd wie Bienen. Die Mehrzahl der Mönche zog mit der Almosenschale aus, um in der Stadt Nahrung für die Mittagsmahlzeit, die einzige des Tages, zu sammeln. Auch der Buddha selbst, der Erleuchtete, pflegte am Morgen den Bettelgang zu tun.

Siddhartha sah ihn, und er erkannte ihn alsbald, als hätte ihm ein Gott ihn gezeigt. Er sah ihn, einen schlichten Mann in gelber Kutte, die Almosenschale in der Hand tragend, still dahin gehen.

»Sieh hier!« sagte Siddhartha leise zu Govinda. »Dieser hier ist der Buddha.«

Aufmerksam blickte Govinda den Mönch in der gelben Kutte an, der sich in nichts von den Hunderten der Mönche zu unterscheiden schien. Und bald erkannte auch Govinda: Dieser ist es. Und sie folgten ihm nach und betrachteten ihn.

Der Buddha ging seines Weges bescheiden und in Gedanken versunken, sein stilles Gesicht war weder fröhlich noch traurig, es schien leise nach innen zu lächeln. Mit einem verborgenen Lächeln, still, ruhig, einem gesunden Kinde nicht unähnlich, wandelte der Buddha, trug das Gewand und setzte den Fuß gleich wie alle seine Mönche, nach genauer Vorschrift. Aber sein Gesicht und sein Schritt, sein still gesenkter Blick, seine still herabhängende Hand, und noch jeder Finger an seiner still herabhängenden Hand sprach Friede, sprach Vollkommenheit, suchte nicht, ahmte nicht nach, atmete sanft in einer unverwelklichen Ruhe, in einem unverwelklichen Licht, einem unantastbaren Frieden.

So wandelte Gotama der Stadt entgegen, um Almosen zu sammeln, und die beiden Samanas erkannten ihn einzig an der Vollkommenheit seiner Ruhe, an der Stille seiner Gestalt, in welcher kein Suchen, kein Wollen, kein Nachahmen, kein Bemühen zu erkennen war, nur Licht und Frieden.

»Heute werden wir die Lehre aus seinem Munde vernehmen«, sagte Govinda.

Siddhartha gab nicht Antwort. Er war wenig neugierig auf die Lehre, er glaubte nicht, daß sie ihn Neues lehren werde, hatte er doch, ebenso wie Govinda, wieder und wieder den Inhalt dieser Buddhalehre vernommen, wenn schon aus Berichten von zweiter und dritter Hand. Aber er blickte aufmerksam auf Gotamas Haupt, auf seine Schultern, auf seine Füße, auf seine still herabhängende Hand, und ihm schien, jedes Glied an jedem Finger dieser Hand war Lehre, sprach, atmete, duftete, glänzte Wahrheit. Dieser Mann, dieser Buddha, war wahrhaftig bis in die Gebärde seines letzten Fingers. Dieser Mann war heilig. Nie hatte Siddhartha einen Menschen so verehrt, nie hatte er einen Menschen so geliebt wie diesen.

Die beiden folgten dem Buddha bis zur Stadt und kehrten schweigend zurück, denn sie selbst gedachten diesen Tag sich der Speise zu enthalten. Sie sahen Gotama wiederkehren, sahen ihn im Kreise seiner Jünger die Mahlzeit einnehmen – was er aß, hätte keinen Vogel satt gemacht – und sahen ihn sich zurückziehen in den Schatten der Mangobäume.

Am Abend aber, als die Hitze sich legte und alles im Lager lebendig ward und sich versammelte, hörten sie den Buddha lehren. Sie hörten seine Stimme, und auch sie war vollkommen, war von vollkommener Ruhe, war voll von Frieden. Gotama lehrte die Lehre vom Leiden, von der Herkunft des Leidens, vom Weg zur Aufhebung des Leidens. Ruhig und klar floß seine stille Rede. Leiden war das Leben, voll Leid war die Welt, aber Erlösung vom Leid war gefunden: Erlösung fand, wer den Weg des Buddha ging.

Mit sanfter, doch fester Stimme sprach der Erhabene, lehrte die vier Hauptsätze, lehrte den achtfachen Pfad, geduldig ging er den gewohnten Weg der Lehre, der Beispiele, der Wiederholungen, hell und still schwebte seine Stimme über den Hörenden, wie ein Licht, wie ein Sternhimmel.

Als der Buddha – es war schon Nacht geworden – seine Rede schloß, traten manche Pilger hervor und baten um Aufnahme in die Gemeinschaft, nahmen ihre Zuflucht zur Lehre. Und Gotama nahm sie auf, indem er sprach: »Wohl habt ihr die Lehre vernommen, wohl ist sie verkündigt. Tretet denn herzu und wandelt in Heiligkeit, allem Leid ein Ende zu bereiten.«

HERMANN HESSE

Du erscheinst schön im Lichtort des Himmels, du lebendige Sonne, die das Leben bestimmt. Du bist im östlichen Horizont aufgegangen und hast jedes Land erfüllt mit deiner Vollkommenheit.

Du bist schön und groß, glänzend und hoch über jedem Land. Deine Strahlen umarmen die Länder bis zu den äußersten Grenzen alles dessen, was du geschaffen hast. Du bist Re, du erreichst ihr Ende und bezwingst sie für deinen geliebten Sohn. Wenn du auch fern bist, sind doch deine Strahlen auf Erden. Du bist im Angesicht der Menschen, und doch kann man deinen Weg nicht ergründen.

AUS DEM SONNENLIED DES ECHNATON

Der Mensch hat nicht die Macht, von Gott zu sprechen wie von der menschlichen Natur des Menschen und wie von der Farbe eines von Menschenhand geschaffenen Werkes.

HILDEGARD VON BINGEN

Er ist mehr und größer als wir überhaupt aussagen können, denn er steht höher als Wort und Geist.

PLOTIN

Höre, Israel! Jahwe, unser Gott, Jahwe ist einzig. Darum sollst du den Herrn, deinen Gott, lieben mit ganzem Herzen, mit ganzer Seele und mit ganzer Kraft.

Diese Worte, auf die ich dich heute verpflichte, sollen auf deinem Herzen geschrieben stehen. Du sollst sie deinen Söhnen wiederholen. Du sollst von ihnen reden, wenn du zu Hause sitzt und wenn du auf der Straße gehst, wenn du dich schlafen legst und wenn du aufstehst. Du sollst sie als Zeichen um das Handgelenk binden. Sie sollen zum Schmuck auf deiner Stirn werden. Du sollst sie auf die Türpfosten deines Hauses und in deine Stadttore schreiben.

DEUTERONOMIUM 6, 4-9

Er ist Allah; es gibt keinen Gott außer ihm. Er kennt das Verborgene und das Sichtbare. Er ist der Erbarmer, der Barmherzige.

Er ist Allah; es gibt keinen Gott außer ihm. Er ist der König, der Heilige, der Friedfertige, der Getreue, der Beschützer, der Allmächtige, der Starke, der Hocherhabene. Ruhm sei Allah, erhaben über dem, was sie ihm zugesellen.

Er ist Allah, der Schöpfer, der Gestalter, der Bildner. Ihm geziemen die höchsten Namen. Ihn preist, was in den Himmeln und auf Erden ist; er ist der Allmächtige, der Allweise.

KORAN LIX, 23-25

## Das erste Gebot

Das heißt: Du sollst mich allein für deinen Gott halten. Was ist damit gesagt und wie ist es zu verstehen? Was heißt »einen Gott haben«, bzw. was ist »Gott«? Antwort: Ein »Gott« heißt etwas, von dem man alles Gute erhoffen und zu dem man in allen Nöten seine Zuflucht nehmen soll. »Einen Gott haben« heißt also nichts anderes, als ihm von Herzen vertrauen und glauben; in diesem Sinn habe ich schon oft gesagt, dass allein das Vertrauen und Glauben des Herzens einem etwas sowohl zu Gott als zu einem Abgott macht. Ist der Glaube und das Vertrauen recht, so ist auch dein Gott der rechte Gott, und umgekehrt, wo das Vertrauen falsch und unrecht ist, da ist auch der rechte Gott nicht. Denn die zwei gehören zusammen, Glaube und Gott. Das nun, sage ich, woran du dein Herz hängst und worauf du dich verlässest, das ist eigentlich dein Gott.

MARTIN LUTHER

Et quidem credimus te esse aliquid
quo nihil maius cogitari nequit.
Und zwar glauben wir, dass du etwas bist,
zu dem nichts Größeres gedacht werden kann.

ANSELM VON CANTERBURY


Schau ich nicht Aug in Auge dir,
Und drängt nicht alles
Nach Haupt und Herzen dir
Und webt in ewigem Geheimnis
Unsichtbar sichtbar neben dir?
Erfüll davon dein Herz, so groß es ist,
Und wenn du ganz in dem Gefühle selig bist,
Nenn es dann, wie du willst:
Nenns Glück! Herz! Liebe! Gott!
Ich habe keinen Namen
Dafür! Gefühl ist alles;
Name ist Schall und Rauch.

JOHANN WOLFGANG VON GOETHE

### Die Parabel von den zwei Edelsteinen

Als einmal der Ratmann des Königs Don Pedro des Alten, Nikolaus von Valencia, seinen Fürsten wider die Juden hetzte, ließ dieser einen judäischen Weisen, namens Ephraim Sancho, vor sich kommen. Nachdem sie die ersten Worte miteinander gewechselt hatten, fragte der Herrscher den Weisen: Welcher Glaube ist besser, unserer oder deiner? Der weise Mann antwortete: Für uns ist unser Glaube besser, denn als wir in Ägypten Sklaven von Sklaven waren, führte uns Gott durch Wunder und Zeichen aus diesem Lande, für dich aber ist dein Glaube besser, denn er verheißt dir irdische Macht. Da sagte der König: Ich frage nach den Bekenntnissen als solchen, nicht nach dem, was sie ihren Gläubigen geben. Der Weise erwiderte: So es meinem Herrn gefällt, so will ich drei Tage darüber sinnen und ihm dann meine Meinung vortragen. Der König sagte: Es möge so sein.

Nach drei Tagen erschien der Weise, und siehe, sein Angesicht war düster. Da fragte Don Pedro: Warum schaust du so trübe drein? Ephraim erwiderte: Ich bin heute ohne Schuld geschmäht worden, und du, mein Herr, sollst mein Richter sein. Die Angelegenheit ist diese: heute vor einem Monat zog mein Nachbar in die Ferne und hinterließ seinen beiden Söhnen zwei kostbare Steine, damit sie miteinander Frieden hielten. Nun kamen die beiden Brüder zu mir und baten mich, ihnen die Eigenschaften der Steine zu erklären und zu sagen, wodurch sich der eine vom andern unterscheide. Ich riet ihnen darauf, sich an ihren

Vater zu wenden, da dieser ein großer Künstler und ausgezeichneter Kenner der Steine sei und ihnen gewiß die Wahrheit sagen werde. Für diesen Rat schlugen und schmähten sie mich. Darauf sagte der König: Ganz ohne Recht haben sie dich beleidigt; sie verdienen bestraft zu werden. Da sprach der Weise: Deine Ohren, o Fürst, mögen vernehmen, was dein Mund eben gesprochen hat. Solche zwei Brüder waren Esau und Jakob, und ein jeder von ihnen empfing einen Edelstein. Nun fragt mein Herr, welcher von den Steinen besser sei. Möge er einen Boten zum Vater im Himmel senden, und dieser sage uns, wodurch sich die Steine unterscheiden.

Hierauf wandte sich der König an seinen Ratmann und sagte: Siehst du, Nikolaus, die Weisheit der Judäer? Dieser Mann verdient, daß man ihn ehre und achte, dir aber kommt Strafe zu, denn du hast Falsches wider die Gemeinde Israel geredet.

BORN JUDAS

## Wie ich die Welt sehe

Das Schönste, was wir erleben können, ist das Geheimnisvolle. Es ist das Grundgefühl, das an der Wiege von wahrer Kunst und Wissenschaft steht. Wer es nicht kennt und sich nicht mehr wundern, nicht mehr staunen kann, der ist sozusagen tot und sein Auge erloschen. Das Erlebnis des Geheimnisvollen – wenn auch mit Furcht gemischt – hat auch die Religion gezeugt. Das Wissen um die Existenz des für uns Undurchdringlichen, der Manifestationen tiefster Vernunft und leuchtendster Schönheit, die unserer Vernunft nur in ihren primitivsten Formen zugänglich sind, dies Wissen und Fühlen macht wahre Religiosität aus; in diesem Sinn und nur in diesem gehöre ich zu den tief religiösen Menschen. Einen Gott, der die Objekte seines Schaffens belohnt und bestraft, der überhaupt einen Willen hat nach Art desjenigen, den wir an uns selbst erleben, kann ich mir nicht einbilden. Auch ein Individuum, das seinen körperlichen Tod überdauert, mag und kann ich mir nicht denken; mögen schwache Seelen aus Angst oder lächerlichem Egoismus solche Gedanken nähren. Mir genügt das Mysterium der Ewigkeit des Lebens und das Bewußtsein und die Ahnung von dem wunderbaren Bau des Seienden, sowie das ergebene Streben nach dem Begreifen eines noch so winzigen Teiles der in der Natur sich manifestierenden Vernunft.

ALBERT EINSTEIN

*An Gott glauben?*

Es gibt Augenblicke, da ich zu glauben vermag, und es gibt Augenblicke, da ich zweifeln muss. Das Schlimmste, glaube ich, ist, glauben zu wollen, was es nun sei, was man glauben will, sei es das Christentum oder irgendeine Ideologie. Denn wer glauben will, muss seine Zweifel unterdrücken, und wer seine Zweifel unterdrückt, muss sich belügen. Und nur wer seine Zweifel nicht unterdrückt, ist imstande, sich selbst zu bezweifeln, ohne zu verzweifeln, denn wer glauben will, verzweifelt, wenn er plötzlich nicht glauben kann. Aber wer sich bezweifelt, ohne zu verzweifeln, ist vielleicht auf dem Wege zum Glauben. Ohne ihn vielleicht je zu erreichen. Was für ein Glaube es jedoch ist, dem so einer entgegengeht, ist seine Sache. Es ist sein Geheimnis, das er mit sich nimmt, denn jedes Glaubensbekenntnis ist unbeweisbar, und was nicht bewiesen werden kann, soll man für sich behalten.

FRIEDRICH DÜRRENMATT

Schnakenbachs Weltbild war unmenschlich. Es war völlig abstrakt. Seine Schulmeisterausbildung hatte Schnakenbach noch ein äußerlich intaktes Weltbild, das Weltbild der klassischen Physik, vermittelt, in der alles schön kausalgesetzlich zuging und in der Gott in einer Art Austragsstübchen, belächelt, aber geduldet, wohnte. In dieser Welt hätte sich auch noch Schnakenbach einrichten können. Seine Jahrgangskollegen richteten sich ein. Sie fielen im Krieg und hinterließen Frauen und Kinder. Schnakenbach wollte nicht in den Krieg ziehen. Er war unverheiratet. Er fing an nachzudenken, und er fand, daß das ihm überlieferte Weltbild nicht mehr stimmte. Vor allem entdeckte er, daß es schon Gelehrte gab, die wußten und verkündeten, daß dieses Weltbild nicht stimmte. Schnakenbach, um der Kaserne zu entgehen, schluckte Schlafentzugsmittel und studierte Einstein, Planck, de Broglie, Jeans, Schrödinger und Jordan. Er sah nun in eine Welt, in der Gottes Austragsstüblein aufgehoben war. Entweder gab es Gott gar nicht oder Gott war tot, wie Nietzsche behauptet hatte, oder, auch dies war möglich und war so alt wie neu, Gott war überall, doch er war gestaltlos, kein Gottvater mit Bart, und der ganze Vaterkomplex der Menschheit von den Propheten bis Freud erwies sich als selbstquälerischer Irrtum des Homo sapiens, Gott war eine Formel, ein Abstraktum, vielleicht war Gott Einsteins allgemeine Theorie der Schwerkraft, war das Kunststück der Balance in einer sich immer ausdehnenden Welt. Wo Schnakenbach auch war, er war die Mitte und der Kreis, er war der Anfang und das Ende, aber er war nichts Besonderes, jeder war

Mitte und Kreis, Anfang und Ende, jeder Punkt war es, das Schlafkorn in seinem Auge, die ihm reichlich zugemessene Gabe des Sandmanns, war noch ein zusammengesetztes Ding, ein Mikrokosmos für sich mit Atomsonnen und Trabanten, Schnakenbach sah eine mikrophysikalische Welt, bis zum Bersten angefüllt mit dem Kleinsten, und, freilich, sie barst, barst fortwährend, explodierte in die Weite, entfloh in den unbeschreibbaren, den endlich unendlichen Raum.

WOLFGANG KOEPPEN

Gott ist nicht ein Stück der Welt, sondern ihre Voraussetzung. Er ist nicht ein gegenständliches Stück des Wissens neben anderen Gegenständen, sondern er ist die Unendlichkeit, die in unserer Wissens-Bewegung immer schon vorausenthalten ist; und unsere Wissens-Bewegung läuft in ihren endlich bleibenden Bahnen innerhalb dieser Unendlichkeit. Gott ist nicht die abschließende These, die aus dem Vor-Entwurf eines vollendeten Weltbildes abgeleitet wäre, sondern ist die einzige These in den Hypothesen unseres Weltbildes – und mehr: immer und überall wird bei der Setzung des Weltbildes vorausgesetzt, dass Sinn, Zusammenhang, Wechselbeziehung zwischen der Vielfalt der Weltdinge obwaltet und so der Vielfalt eine ursprüngliche sinnhafte Einheit vorausliegt.

KARL RAHNER

Ja, es ist das beladenste aller Menschenworte. Keins ist so besudelt, so zerfetzt worden. Gerade deshalb darf ich darauf nicht verzichten. Die Geschlechter der Menschen haben die Last ihres geängstigten Lebens auf dieses Wort gewälzt und es zu Boden gedrückt; es liegt im Staub und trägt ihrer aller Last. ... Wo fände ich ein Wort, das ihm gliche, um das Höchste zu bezeichnen! Nähme ich den reinsten, funkelndsten Begriff aus der innersten Schatzkammer der Philosophie, ich könnte darin doch nur ein unverbindliches Gedankenbild einfangen, nicht aber die Gegenwart dessen, den ich meine, dessen, den die Geschlechter der Menschen mit ihrem ungeheuren Leben und Sterben verehrt und erniedrigt haben. Ihn meine ich, ja, ihn, den die höllengepeinigten, himmelsstürmenden Geschlechter des Menschen meinen. Wir müssen die achten, die es verpönen, weil sie sich gegen das Unrecht und den Unfug auflehnen, die sich so gern auf die Ermächtigung durch »Gott« berufen; aber wir dürfen es nicht preisgeben. Wie gut lässt es sich verstehen, dass manche vorschlagen, eine Zeit über »die letzten Dinge« zu schweigen, damit die missbrauchten Worte erlöst werden! Aber so sind sie nicht zu erlösen. Wir können das Wort »Gott« nicht reinwaschen, und wir können es nicht ganzmachen; aber wir können es, befleckt und zerfetzt wie es ist, vom Boden erheben und aufrichten über einer Stunde großer Sorge.

MARTIN BUBER

## ERFAHRUNGEN DES GÖTTLICHEN

Gott des Intellekts und Gott des Gewissens, –
Gott der Offenbarung und Gott der Vernunft, –
Gott der Natur und Gott der Geschichte, –
Gott der gesellschaftlichen Überlieferung und
Gott der einsamen Reflexion – welche Gegensätze
und welche Einheit!
Du einziger Gott mit den vielfältigen Aspekten,
Du Gott aller! Kein Zugang zu Dir ist versperrt.
Auf keinen habe ich das Recht, den Bann zu legen.

HENRI DE LUBAC

Die einen glauben, dass er an uns denkt, die anderen, dass er uns denkt. Andere wiederum glauben, dass er schläft, und dass wir sein Traum sind, sein schlechter Traum.

JEAN COCTEAU

Wie der Mensch sich Gegenstand, so ist ihm Gott Gegenstand; wie er denkt, wie er gesinnt ist, so ist sein Gott. Soviel Wert der Mensch hat, so viel Wert und nicht mehr hat sein Gott. Das Bewusstsein Gottes ist das Selbstbewusstsein des Menschen, die Erkenntnis Gottes die Selbsterkenntnis des Menschen.

LUDWIG FEUERBACH

Das Wissen um die Verlassenheit des Menschen ist nur möglich durch den Gedanken an Gott, aber nicht durch die absolute Gewißheit Gottes.

MAX HORKHEIMER

*Dem unbekannten Gott*

Noch einmal, eh ich weiter ziehe
Und meine Blicke vorwärts sende,
Heb' ich vereinsamt meine Hände
Zu dir empor, zu dem ich fliehe,
Dem ich in tiefster Herzenstiefe
Altäre feierlich geweiht,
Dass allezeit
Mich deine Stimme wieder riefe.

Darauf erglüht tief eingeschrieben
Das Wort: dem unbekannten Gotte.
Sein bin ich, ob ich in der Frevler Rotte
Auch bis zur Stunde bin geblieben:
Sein bin ich, und ich fühl' die Schlingen,
Die mich im Kampf darniederziehn
Und, mag ich fliehn,
Mich doch zu seinem Dienste zwingen.

Ich will dich kennen, Unbekannter,
Du tief in meine Seele Greifender,
Mein Leben wie ein Sturm Durchschweifender,
Du Unfassbarer, mir Verwandter!
Ich will dich kennen, selbst dir dienen!

FRIEDRICH NIETZSCHE

Die Lösung des Problems des Lebens merkt man am Verschwinden dieses Problems. Kann man aber so leben, daß das Leben aufhört, problematisch zu sein? Daß man im Ewigen *lebt* und nicht in der Zeit?

Ist nicht dies der Grund, warum Menschen, denen der Sinn des Lebens nach langen Zweifeln klar wurde, warum diese dann nicht sagen konnten, worin dieser Sinn bestand.

An einen Gott glauben heißt, die Frage nach dem Sinn des Lebens verstehen.

An einen Gott glauben heißt sehen, daß es mit den Tatsachen der Welt noch nicht abgetan ist.

An Gott glauben heißt sehen, daß das Leben einen Sinn hat.

LUDWIG WITTGENSTEIN

Wir fühlen, daß selbst, wenn alle *möglichen* wissenschaftlichen Fragen beantwortet sind, unsere Lebensprobleme noch gar nicht berührt sind.

LUDWIG WITTGENSTEIN

Wir müssen uns eingestehen, dass die geschaffene Vernunft Gott nicht so vollkommen erkennen kann, dass nichts an dieser Erkenntnis fehlte. Vielmehr trifft die Vernunft in ihm in höchst undeutlicher Weise auf etwas, was sie selbst übersteigt. Denn weder kann erfasst werden, was er ist, weil er nicht umgrenzt werden kann, noch warum er ist, weil er keine Ursache hat, noch kann in bestimmter Weise erfasst werden, dass er ist, weil es auch keine entfernte Ursache und keine ihm angemessene Wirkung gibt. Nur undeutlich erkennen wir jetzt wie auch in der zukünftigen Heimat, dass Gott ist, obwohl er als er selbst auf die unterschiedlichste Weise erkannt werden könnte.

ALBERTUS MAGNUS

Gott vermögen wir in diesem Leben nicht vollkommen zu erkennen, so daß wir von ihm wüßten, was er sei; doch können wir von ihm erkennen, was er nicht sei. Und darin besteht die Vollendung der Erkenntnis auf dem Wege.

THOMAS VON AQUIN

Tu autem eras interior intimo meo et superior summo meo.
Du aber warst noch innerlicher als das Innerste in mir und höher noch als mein Höchstes.

AUGUSTINUS

Das unendliche Seiende ist das, dem nichts an jener Fülle des Seins fehlt, von der es möglich ist, dass ein einzelnes Seiendes sie besitzt und das jedes endliche Seiende übersteigt, und zwar nicht nur in gewissem Maß, sondern über jedes angebbare Maß hinaus.

JOHANNES DUNS SCOTUS

*Gebet*

Ich sprach von Dir als von dem sehr Verwandten,
zu dem mein Leben hundert Wege weiß,
ich nannte Dich: den alle Kinder kannten,
den alle Saiten überspannten,
für den ich dunkel bin und leis.

Ich nannte Dich den Nächsten meiner Nächte
und meiner Abende Verschwiegenheit, –
und Du bist der, den keiner sich erdächte,
wärst Du nicht ausgedacht seit Ewigkeit.
Und Du bist der, in dem ich nicht geirrt,
den ich betrat wie ein gewohntes Haus.
Jetzt geht Dein Wachsen über mich hinaus:
Du bist der Werdendste, der wird.

RAINER MARIA RILKE

*Vielleicht*

Einer der Aufklärer, ein sehr gelehrter Mann, der vom Berditschewer gehört hatte, suchte ihn auf, um auch mit ihm, wie er's gewohnt war, zu disputieren und seine rückständigen Beweisgründe für die Wahrheit seines Glaubens zuschanden zu machen. Als er die Stube des Zaddiks betrat, sah er ihn mit einem Buch in der Hand in begeistertem Nachdenken auf und nieder gehen. Des Ankömmlings achtete er nicht. Schließlich blieb er stehen, sah ihn flüchtig an und sagte: »Vielleicht ist es aber wahr.« Der Gelehrte nahm vergebens all sein Selbstgefühl zusammen – ihm schlotterten die Knie, so furchtbar war der Zaddik anzusehn, so furchtbar sein schlichter Spruch zu hören. Rabbi Levi Jizchak aber wandte sich ihm nun völlig zu und sprach ihn gelassen an: »Mein Sohn, die Großen der Thora, mit denen du gestritten hast, haben ihre Worte an dich verschwendet, du hast, als du gingst, drüber gelacht. Sie haben dir Gott und sein Reich nicht auf den Tisch legen können, und auch ich kann es nicht. Aber, mein Sohn, bedenke, vielleicht ist es wahr.« Der Aufklärer bot seine innerste Kraft zur Entgegnung auf; aber dieses furchtbare »Vielleicht«, das ihm da Mal um Mal entgegenscholl, brach seinen Widerstand.

MARTIN BUBER

*Frage und Antwort*

Der Raw sprach einen Schüler, der eben bei ihm eintrat, so an: »Mosche, was ist das, ›Gott‹?«

Der Schüler schwieg.

Der Raw fragte zum zweiten- und zum drittenmal.

»Warum schweigst du?«

»Weil ich es nicht weiß.«

»Weiß ich's denn?« sprach der Raw. »Aber ich *muß* sagen; denn so ist es, daß ich es sagen muß: Er ist deutlich da, und außer ihm ist nichts deutlich da, und *das* ist er.«

MARTIN BUBER

Die Frage, wie ich zu Gott stehe, erschreckte mich zunächst; sie erschreckte mich, als ich anfing, über sie nachzudenken. Spontan hätte ich geantwortet: Gut. Nach einiger Überlegung muß ich wohl sagen: Ich weiß es nicht. Kann man überhaupt ›zu Gott stehen‹? Wenn ich mich in ein Verhältnis zu Gott bringe als zu einer Person, mit der man gut oder schlecht stehen kann, dann glaube ich an die Existenz dieser Person, somit an Gott, und glaube ich an Gott, dann ist seine Größe von meiner Kleinheit so verschieden, daß ich nur sagen kann: Ich bin sein Geschöpf! Wenn ich überhaupt an Gott glaube! Nun gut, ich glaube.

Aber ein Gotteserlebnis, eine Offenbarung, wie sie Pascal widerfuhr und in dem berühmten Mémorial von

1654 aufgezeichnet wurde: ›Gott Abrahams, Gott Isaaks, Gott Jakobs, nicht der Philosophen und Gelehrten‹, eine solche Offenbarung ist mir nicht zuteilgeworden. Gott brannte nicht in mir. Es mag für die Ohren von strengen Gläubigen blasphemisch klingen, aber wenn ich die Frage ehrlich beantworte – ich stehe freundlich mit Gott. Ich empfing manche Gnade von ihm, er bewahrte mich in Not und Gefahr, ich dankte ihm in Gedanken, nicht in Gebeten, ich dankte ihm zu zufälliger Stunde, hier und dort, im Gedränge der Straße, zuweilen in seinem Haus. Ich bin protestantisch getauft und konfirmiert, aber ein Verhältnis zu der Gemeinde ist nicht vorhanden. Ich besuche keinen Gottesdienst, ich verlange nicht nach einer Predigt, ich vermisse den Pastor nicht, ich brauche keinen Mittler.

Meine Zwiesprache mit Gott ist intim. Zuweilen öffne ich die Tür einer katholischen Kirche, zu irgendeiner Tageszeit, ich schnuppere etwas Weihrauch von der letzten Messe, ich freue mich des schönen Raumes und denke freundlich an den Schöpfer. Dennoch ist er der Gott Pascals, ›Gott Abrahams, Gott Isaaks, Gott Jakobs, nicht der Philosophen und Gelehrten‹, aber ich spreche freundlich mit ihm, und er, glaube ich, spricht auch freundlich zu mir. Nehmt es mir nicht übel, ihr Theologen! Ich weiß: ER ist vorhanden!

WOLFGANG KOEPPEN

*Der unerkannte Gott*

Was Gott ist, weiß man nicht. Er ist nicht
  Licht, nicht Geist,
Nicht Wahrheit, Einheit, Eins, nicht was
  man Gottheit heißt.
Nicht Weisheit, nicht Verstand, nicht
  Liebe, Wille, Güte,
Kein Ding, kein Unding auch, kein Wesen,
  kein Gemüte.
Er ist, was ich und du und keine Kreatur,
Eh wir geworden sind, was er ist, nie
  erfuhr.

ANGELUS SILESIUS

Nicht das, was die Vernunft einsieht, sättigt sie oder ist ihr Ziel. Aber auch nicht das, was sie durchaus nicht versteht, vermag sie zu sättigen, sondern vielmehr das, was sie durch Nicht-Einsehen erkennt.

NIKOLAUS VON KUES

## Mémorial

Nach dem Tode Pascals fand sich im Futter seines Rockes eingenäht ein Pergamentstreifen mit dem folgenden Text:

»Das Jahr der Gnade 1654.
Montag, 23. November, Tag des heiligen Clemens, Papstes und Märtyrers, und anderer im Martyrologium,
Vigil des heiligen Chrysogonus, Märtyrers, und anderer,
Von ungefähr zehn und einhalb Uhr am Abend bis ungefähr eine halbe Stunde nach Mitternacht,
Feuer.
Gott Abrahams, Gott Isaaks, Gott Jakobs,
nicht der Philosophen und Gelehrten.
Gewißheit. Gewißheit. Empfindung. Freude. Friede.
Gott Jesu Christi.
Deum meum et Deum vestrum.
›Dein Gott soll mein Gott sein.‹
Vergessen der Welt und aller Dinge, ausgenommen Gott.
Er wird nur auf den Wegen gefunden, die im Evangelium gelehrt sind.
Größe der menschlichen Seele.
›Gerechter Vater, die Welt hat dich nicht erkannt, aber ich habe dich erkannt.‹
Freude, Freude, Freude, Tränen der Freude.
Ich habe mich von ihm getrennt:
Dereliquerunt me fontem aquae vivae.
›Mein Gott, wirst du mich verlassen?‹
Möge ich nicht ewig von ihm getrennt werden.

›Dies ist das ewige Leben, daß sie dich erkennen, den einzigen, wahren Gott, und den du gesandt hast, Jesus Christus.‹
Jesus Christus.
Ich habe mich von ihm getrennt; ich bin vor ihm geflohen, ich habe ihn verleugnet, gekreuzigt.
Möge ich nie von ihm getrennt sein.
Er wird nur auf den Wegen bewahrt, die im Evangelium gelehrt sind:
Vollkommene, innige Entsagung.
Vollkommene Unterwerfung unter Jesus Christus und unter meinen geistlichen Führer.
Ewig in der Freude für einen Tag der Plage auf Erden.
Non obliviscar sermones tuos. Amen.«

BLAISE PASCAL

Das Herz hat seine Vernunftgründe, die die Vernunft nicht kennt; man erfährt es in tausend Dingen. Ich sage, daß das Herz von Natur das allumfassende Wesen und von Natur sich selber liebt, je nachdem es sich einem hingibt; und es verhärtet sich gegen das eine oder das andere je nach seiner Wahl. Ihr habt das eine verworfen und das andere bewahrt: geschieht es aus Vernunft, daß ihr euch liebt?

BLAISE PASCAL

Die Erkenntnis Gottes ohne die Erkenntnis seines Elends erzeugt (im Menschen) den Stolz. Die Erkenntnis seines Elends ohne die Erkenntnis Gottes erzeugt die Verzweiflung. Die Erkenntnis Jesu Christi bildet die Mitte, weil wir dort sowohl Gott wie unser Elend finden.

BLAISE PASCAL

## Das Saitenspiel des Gelben Kaisers

Pe-Men-Tscheng sagte zum Gelben Kaiser: »Als du, mein Kaiser, in der Wildnis am Tung-ting-See das Hien-tschi spieltest, war ich vom ersten Teil erschreckt, vom zweiten betäubt, vom dritten verzückt, sprachlos, entworden.«

Der Kaiser sagte:

»So mußte es sein. Ich spielte nach Menschenart, aber ich ließ mich vom Himmel treiben. Das Spiel war in der Kunst nur genau, aber von der Ureinheit belebt.

Vollkommene Musik gestaltet sich zuerst nach einer menschlichen Regel, dann folgt sie den Weisungen des Himmels; sie kommt in Einklang mit den fünf Tugenden und geht in Selbsttätigkeit über.

Die vier Jahreszeiten sind in ihr verschmolzen, und alle Dinge vereinen sich in ihr. Wechselnd tauchen die Zeiten empor, im Wechsel entstehen die Dinge. Nun ist es Fülle, nun Verfall, nun sanfte, nun heftige Stimme, nun nackter, nun verhüllter Ton: das Wechselspiel des Yin und Yang.

Gleich dem Blitz war der Schall, der dich weckte, wie der Frühling die Käferwelt weckt, und das Schmettern des Donners folgte, ohne Ende, ohne Anbeginn, nun sterbend, nun lebend, nun sinkend, nun steigend, fort und fort ohne Unterlaß. Und so wurdest du erschreckt.

Als ich wieder spielte war es der Einklang des Yin und Yang, von der Glorie der Sonne und des Mondes bestrahlt; gebrochen und gestreckt, zart und streng, in einer ungeschiedenen, ungegründeten, klingenden Gewalt. Täler und Schluchten füllend, die Ohren bannend und die Sinne zwingend, der Aufnahmsweite aller Dinge eingepaßt, kreiste der Klang auf allen Seiten, mit hohem und klarem Getön. Die Schatten der Toten blieben an ihren Stätten. Sonne, Mond und die Sterne blieben in ihrem Lauf. Als aber die Weise sich schloß, hielt ich inne; da strömte ohne Einhalt ihrer aller Widerhall. Du wolltest bedenken, aber du konntest nicht fassen. Du wolltest schauen, aber du konntest nicht sehen. Du wolltest folgen, aber du konntest nicht einholen. Du standest geblendet inmitten der Wildnis, du lehntest dich an einen morschen Baum und summtest vor dich hin. Die Macht deines Blickes war erschöpft. Deine Kraft versagte sich deinem Wunsche, mich zu erreichen. Dein Leib war nur noch eine leere Schale. Du aber mühtest dich noch, dich zu bewahren.

Und so wurdest du betäubt.

Dann spielte ich in Klängen, die ohne Betäubung sind, aus dem Gesetz der Selbsttätigkeit. Da brach ungestüm die Melodie hervor wie ein Wuchern von Trieben aus einer Wurzel, ungebändigt und ungeformt wie das Rauschen im Walde.

Sie schüttelte sich aus und ließ keine Spur, sie fiel in die Tiefe, wo kein Schall besteht. Im Nirgends begann sie und wohnte im Dunkel; einer möchte sie tot nennen, ein andrer lebendig, einer fruchthaft, ein andrer blütenhaft, so goß sie sich nach allen Seiten hin in niemals vorzuahnenden Akkorden.

Die staunende Welt befragt den Weisen. Er weiß um das Wesen dieser Musik, er, der unter dem gleichen Gesetze steht.

Denn wo kein Getriebe in Bewegung gesetzt wird und doch das Spiel vollkommen ist, das ist die Musik des Himmels. Der Geist erwacht zu seiner Wonne, ohne zu warten, daß er gerufen werde. Das ist die Musik, die Yu-Piao also pries: ›Horchend hörst du keinen Klang; schauend siehst du keine Form. Sie füllt Himmel und Erde. Sie umfängt das All.‹ Ihr begehrtest du zu lauschen, aber du vermochtest nicht ihr Dasein zu fassen.

Und so wurdest du verzückt.

Mein Spiel weckte erst Furcht, und du wurdest wie von einem Gesichte heimgesucht. Dann fügte ich Betäubung dazu, und du wurdest abgesondert. Zuletzt aber kam Verzückung; denn Verzückung meint Von-Sinnen-Geraten, und Von-Sinnen-Geraten meint Tao, und Tao meint die große Versunkenheit.«

TSCHUANG-TSE

Soll die Seele Gott erkennen, so muß sie auch sich selbst vergessen und muß sich selbst verlieren; denn solange sie sich selbst sieht und erkennt, so sieht und erkennt sie Gott nicht. Wenn sie sich aber um Gottes willen verliert und alle Dinge aufgibt, so findet sie sich wieder in Gott. Indem sie Gott erkennt, erkennt sie sich selbst und alle Dinge, von denen sie sich geschieden hat, in Gott auf vollkommene Weise. Soll ich das höchste Gut oder die ewige Gutheit wahrhaft erkennen, so muß ich sie da erkennen, wo sie die Gutheit in sich selbst ist, nicht wo die Gutheit zerteilt ist. Soll ich das Sein wahrhaft erkennen, so muß ich es erkennen, wo das Sein in sich selbst ist, das heißt: in Gott, nicht wo es zerteilt ist: in den Kreaturen.

In Gott allein ist das ganze göttliche Sein. In einem Menschen ist nicht die ganze Menschheit, denn *ein* Mensch ist nicht alle Menschen. Aber in Gott erkennt die Seele die ganze Menschheit und alle Dinge im Höchsten, denn sie erkennt sie da nach dem *Sein*.

Nie hat ein Mensch nach irgend etwas so sehr begehrt, wie Gott danach begehrt, den Menschen dahin zu bringen, daß er ihn erkenne. Gott ist allzeit bereit, wir aber sind sehr unbereit; Gott ist uns »nahe«, wir aber sind ihm fern; Gott ist drinnen, wir aber sind draußen; Gott ist in uns daheim, *wir aber sind in der Fremde.*

Daß wir ihm alle folgen, auf daß er uns bringe in sich, wo wir ihn wahrhaft erkennen, dazu helfe uns Gott. Amen.

MEISTER ECKHART

Zwei Dinge erfüllen das Gemüt mit immer neuer und zunehmenden Bewunderung und Ehrfurcht, je öfter und anhaltender sich das Nachdenken damit beschäftigt: Der bestirnte Himmel über mir, und das moralische Gesetz in mir. Beide darf ich nicht als in Dunkelheiten verhüllt, oder im Überschwenglichen, außer meinem Gesichtskreise, suchen und bloß vermuten; ich sehe sie vor mir und verknüpfe sie unmittelbar mit dem Bewußtsein meiner Existenz. Das erste fängt von dem Platz an, den ich in der äußern Sinnenwelt einnehme, und erweitert die Verknüpfung, darin ich stehe, ins unabsehlich-Große mit Welten über Welten und Systemen von Systemen, überdem noch in grenzenlose Zeiten ihrer periodischen Bewegung, deren Anfang und Fortdauer. Das zweite fängt von meinem unsichtbaren Selbst, meiner Persönlichkeit, an, und stellt mich in einer Welt dar, die wahre Unendlichkeit hat, aber nur dem Verstande spürbar ist, und mit welcher (dadurch aber auch zugleich mit allen jenen sichtbaren Welten) ich mich nicht, wie dort, in bloß zufälliger, sondern allgemeiner und notwendiger Verknüpfung erkenne. Der erstere Anblick einer zahllosen Weltenmenge vernichtet gleichsam meine Wichtigkeit als eines tierischen Geschöpfs, das die Materie, daraus es ward, dem Planeten (einem bloßen Punkt im Weltall) wieder zurückgeben muß, nachdem es eine kurze Zeit (man weiß nicht wie) mit Lebenskraft versehen gewesen. Der zweite erhebt dagegen meinen Wert, als einer Intelligenz, unendlich, durch meine Persönlichkeit, in welcher das moralische Gesetz mir ein von der Tierheit und selbst von der ganzen Sinnenwelt unabhängiges Leben offenbart, wenigstens so viel sich aus der zweckmäßigen Bestimmung meines Daseins durch dieses Gesetz, welche nicht auf Bedingungen und Grenzen dieses Lebens eingeschränkt ist, sondern ins Unendliche geht, abnehmen läßt.

IMMANUEL KANT

Zürich, Zum Storchen

*Für Nelly Sachs*

Vom Zuviel war die Rede, vom
Zuwenig. Von Du
und Aber-Du, von
der Trübung durch Helles, von
Jüdischem, von
deinem Gott.

Da-
von.
Am Tag einer Himmelfahrt, das
Münster stand drüben, es kam
mit einigem Gold übers Wasser.

Von deinem Gott war die Rede, ich sprach
gegen ihn, ich
ließ das Herz, das ich hatte,
hoffen:
auf
sein höchstes, umröcheltes, sein
haderndes Wort –

Dein Aug sah mir zu, sah hinweg,
dein Mund
sprach sich dem Aug zu, ich hörte:

Wir
wissen ja nicht, weißt du,
wir
wissen ja nicht,
was
gilt.

    PAUL CELAN

So kam Jesus auch nach Nazareth, wo er aufgewachsen war, und ging, wie gewohnt, am Sabbat in die Synagoge. Als er aufstand, um aus der Schrift vorzulesen, reichte man ihm das Buch des Propheten Jesaja. Er schlug das Buch auf und fand die Stelle, wo es heißt: Der Geist des Herrn ruht auf mir, denn der Herr hat mich gesalbt. Er hat mich gesandt, damit ich den Armen eine gute Nachricht bringe; damit ich den Gefangenen die Entlassung verkünde und den Blinden das Augenlicht; damit ich die Zerschlagenen in Freiheit setze und ein Gnadenjahr des Herrn ausrufe.

LUKAS 4, 16-19

Lara war nicht fromm. Sie glaubte nicht an kirchliche Dogmen und Riten. Aber manchmal bedurfte sie einer gewissen inneren Musik, um das Leben ertragen zu können. Diese Musik konnte man nicht aus eigener Kraft bei jeder Gelegenheit komponieren.

Lara fand etwas von dieser Musik in Gottes Wort über das Leben. Und sie ging deshalb in die Kirche, um hierbei weinen zu können.

An einem Dezembertag, als Laras Herz so schwer war wie das der Katharina in Ostrowskis ›Gewitter‹, ging sie zur Kirche, um zu beten. Sie glaubte, die Erde müsse sich unter ihren Füßen auftun und das Gewölbe des Kirchenschiffs über ihr zusammenstürzen. Sie meinte, sie hätte nichts Besseres verdient, und dann sei wenigstens alles zu

Ende. Schade, daß sie diese Olja Démina mitgenommen hatte, die ihren Mund nicht halten konnte!

»Prov Afanassitsch«, flüsterte Olja ihr ins Ohr.

»Still. Laß mich doch bitte in Ruhe. Welcher Prov Afanassitsch denn?«

»Prov Afanassitsch Ssokolov. Unser Onkel dritten Grades. Er rezitiert die Psalmen.«

»Ach so, du meinst den Psalmensänger. Er gehört zur Verwandtschaft der Tiversins. Ich bitte dich, sei still, störe mich nicht länger.«

Sie waren zu Beginn der Messe gekommen. Man sang den Psalm: ›Meine Seele lobet den Herrn und alles, was in mir ist, seinen heiligen Namen.‹

Die Kirche war halb leer, und der Gesang hallte von ihren Gewölben wider. Die Gläubigen drängten sich in der Nähe der Ikonostase zusammen. Die Kirche war ein Neubau. Das farblose Glas der Fenster ließ die verschneite Straße draußen mit ihren Passanten und Fahrzeugen noch grauer erscheinen. An einem der Fenster stand der Kirchenälteste und redete, ohne auf den Gottesdienst Rücksicht zu nehmen, auf eine schwerhörige, zerlumpte Frau ein. Seine Stimme war genau von der gleichen alltäglichen und gewöhnlichen Art wie die graue Straße vor den Fenstern.

Lara ging vorsichtig an den Betenden vorbei, um ihre und Oljas Kupfermünzen in den am Kircheneingang aufgestellten Opferstock zu tun. Während Prov Afanassitsch die neun Seligpreisungen herunterleierte wie etwas, was alle ohnedies schon auswendig kannten, kehrte Lara an ihren Platz zurück, wobei sie sich Mühe gab, niemanden anzustoßen.

›Selig sind die geistlich Armen ... Selig sind die Leidtragenden ... Selig sind, die da hungern und dürsten nach Gerechtigkeit...‹

Lara fuhr zusammen: man sprach ja von ihr, sie war gemeint. Er hatte gesagt: selig sind die Leidtragenden, die Schwachen und Unterdrückten. Sie haben der Welt etwas Besonderes zu sagen, ihnen gehört die Zukunft. Das also hatte Er gedacht. Das war Seine Meinung. Das hatte Christus gelehrt.

BORIS PASTERNAK

Die Juden fordern Zeichen, die Griechen suchen Weisheit. Wir dagegen verkündigen Christus als den Gekreuzigten: für Juden ein empörendes Ärgernis, für Heiden eine Torheit, für die Berufenen aber, Juden wie Griechen, Christus, Gottes Kraft und Gottes Weisheit. Denn das Törichte an Gott ist weiser als die Menschen, und das Schwache an Gott ist stärker als die Menschen.

PAULUS, I. BRIEF AN DIE KORINTHER I, 22-25

Bisweilen kommt es dahin,
daß Jesus noch einmal lacht,
zärtlich, und mit wunderbarem Sinn
und beruhigend wie eine Nacht.

ROBERT WALSER

So stand es um das unglückliche Kind, das sich am 25. Dezember 1886 in die Kirche Notre Dame de Paris begab, um dort dem Weihnachtshochamt beizuwohnen. Damals fing ich zu schriftstellern an und hatte die Vorstellung, ich könnte in den katholischen Zeremonien, die ich mit dünkelhaftem Dilettantismus betrachtete, ein geeignetes Reizmittel und den Stoff für ein paar dekadente Übungen finden. In dieser Stimmung wohnte ich, von der Menge gestoßen und gedrückt, dem Hochamt mit mäßigem Vergnügen bei. Dann, da ich nichts Besseres zu tun hatte, kam ich zur Vesper wieder. Die Knaben der Singschule in weißen Gewändern sangen gerade, und die Schüler des kleinen Seminars Saint-Nicolas-du-Chardonnet, die ihnen dabei zur Seite standen, hatten soeben, wie ich später erfuhr, das »Magnifikat« angestimmt. Ich selbst stand in der Menge in der Nähe des zweiten Pfeilers am Choranfang, rechts auf der Seite der Sakristei. Da nun vollzog sich das Ereignis, das für mein ganzes Leben bestimmend sein sollte. In einem Nu wurde mein Herz ergriffen, *ich glaubte.* Ich glaubte mit einer so mächtigen inneren Zustimmung, mein ganzes Sein wurde geradezu gewaltsam emporgerissen, ich glaubte mit einer so starken Überzeugung, mit solch unbeschreiblicher Gewißheit, daß keinerlei Platz auch nur für den leisesten Zweifel offenblieb, daß von diesem Tag an alle Bücher, alles Klügeln, alle Zufälle eines bewegten Lebens meinen Glauben nicht zu erschüttern, ja auch nur anzutasten vermochten. Ich hatte plötzlich das durchbohrende Gefühl der Unschuld, der ewigen Kindschaft Gottes, einer unaussprechlichen Offenbarung.

dem Versuch, den ich schon öfters angestellt habe, die Minuten zu rekonstruieren, die diesem außergewöhnlichen Augenblick folgten, stoße ich auf eine Reihe von Elementen, die indessen nur einen einzigen Blitz bildeten, eine einzige Waffe, deren die göttliche Vorsehung sich bediente, um endlich das Herz eines armen verzweifelten Kindes zu treffen und sich den Zugang zu ihm zu verschaffen: »Wie glücklich doch die Menschen sind, die einen Glauben haben! Wenn es wirklich wahr wäre? Es ist wahr! Gott existiert, er ist da. Er ist jemand, er ist ein ebenso persönliches Wesen wie ich. Er liebt mich, er ruft mich.«

PAUL CLAUDEL

Ich aber, der ich, so untadelig ich auch als Mönch lebte, vor Gott mich als Sünder von unruhigstem Gewissen fühlte und mich nicht darauf verlassen konnte, daß ich durch meine Genugtuung versöhnt sei, liebte nicht, nein, haßte den gerechten und die Sünder strafenden Gott und war im stillen, wenn nicht mit Lästerung, so doch allerdings mit ungeheurem Murren empört über Gott: Als ob es wahrhaftig damit nicht genug sei, daß die elenden und infolge der Erbsünde auf ewig verlorenen Sünder mit lauter Unheil zu Boden geworfen sind durch das Gesetz der zehn Gebote, vielmehr Gott durch das Evangelium zum Schmerz noch Schmerz hinzufüge und auch durch das Evangelium uns mit seiner Gerechtigkeit und seinem Zorn bedrohe. So raste ich wilden und wirren Gewissens; dennoch klopfte ich beharrlich an eben dieser Stelle bei Paulus an mit glühend heißem Durst, zu erfahren, was St. Paulus wolle.

Bis ich, dank Gottes Erbarmen, unablässig Tag und Nacht darüber nachdenkend, auf den Zusammenhang der Worte aufmerksam wurde, nämlich: »Gottes Gerechtigkeit wird darin offenbart, wie geschrieben steht: Der Gerechte lebt aus Glauben.« Da begann ich, die Gerechtigkeit Gottes zu verstehen als die, durch die als durch Gottes Geschenk der Gerechte lebt, nämlich aus Glauben, und daß dies der Sinn sei: Durch das Evangelium werde Gottes Gerechtigkeit offenbart, nämlich die passive, durch die uns der barmherzige Gott gerecht macht durch den Glauben, wie geschrieben ist: »Der Gerechte lebt aus Glauben.« Da hatte ich das Empfinden, ich sei geradezu von neuem geboren und durch geöffnete Tore in das Paradies selbst eingetreten. Da zeigte mir sofort die ganze Schrift ein anderes Gesicht. Ich durchlief dann die Schrift nach dem Gedächtnis und sammelte entsprechende Vorkommen auch bei anderen Vokabeln: z. B. Werk Gottes, das heißt: was Gott in uns wirkt; Kraft Gottes, durch die er uns kräftig macht, Weisheit Gottes, durch die er uns weise macht, Stärke Gottes, Heil Gottes, Herrlichkeit Gottes.

Wie sehr ich vorher die Vokabel »Gerechtigkeit Gottes« gehaßt hatte, so pries ich sie nun mit entsprechend großer Liebe als das mir süßeste Wort. So ist mir diese Paulus-Stelle wahrhaftig das Tor zum Paradies gewesen.

MARTIN LUTHER

## VERÄNDERUNG DES LEBENS

Wenn die Propheten einbrächen
durch die Türen der Nacht
und ein Ohr wie eine Heimat suchten –

Ohr der Menschheit
du nesselverwachsenes,
würdest du hören?
Wenn die Stimme der Propheten
auf dem Flötengebein der ermordeten Kinder
blasen würde,
die vom Märtyrerschrei verbrannten Lüfte
ausatmete –
wenn sie eine Brücke aus verendeten
    Greisenseufzern
baute –

Ohr der Menschheit
du mit dem kleinen Lauschen beschäftigtes,
würdest du hören?

Wenn die Propheten
mit den Sturmschwingen der Ewigkeit
    hineinführen
wenn sie aufbrächen deinen Gehörgang
    mit den Worten:

Wer von euch will Krieg führen gegen
    ein Geheimnis
wer will den Sterntod erfinden?

Wenn die Propheten aufständen
in der Nacht der Menschheit
wie Liebende, die das Herz des Geliebten
    suchen,
Nacht der Menschheit
würdest du ein Herz zu vergeben haben?

NELLY SACHS


Ich dachte einst, wenn ich dich sehe droben,
Eh' ich beginne, singend dich zu loben,
Würd' ich dir meinen Jammer klagen.
Nun hat mich, Herr, dein Anblick ganz und gar
    geschlagen,
Denn du hast mich weit über mich
und meine Menschlichkeit
    getragen.

MECHTHILD VON MAGDEBURG

*Vor dem Gesetz*

Vor dem Gesetz steht ein Türhüter. Zu diesem Türhüter kommt ein Mann vom Lande und bittet um Eintritt in das Gesetz. Aber der Türhüter sagt, daß er ihm jetzt den Eintritt nicht gewähren könne. Der Mann überlegt und fragt dann, ob er also später werde eintreten dürfen. »Es ist möglich«, sagt der Türhüter, »jetzt aber nicht.« Da das Tor zum Gesetz offensteht wie immer und der Türhüter beiseite tritt, bückt sich der Mann, um durch das Tor in das Innere zu sehn. Als der Türhüter das merkt, lacht er und sagt: »Wenn es dich so lockt, versuche es doch, trotz meines Verbotes hineinzugehn. Merke aber: Ich bin mächtig. Und ich bin nur der unterste Türhüter. Von Saal zu Saal stehn aber Türhüter, einer mächtiger als der andere. Schon den Anblick des dritten kann nicht einmal ich mehr ertragen.« Solche Schwierigkeiten hat der Mann vom Lande nicht erwartet; das Gesetz soll doch jedem und immer zugänglich sein, denkt er, aber als er jetzt den Türhüter in seinem Pelzmantel genauer ansieht, seine große Spitznase, den langen, dünnen, schwarzen tatarischen Bart, entschließt er sich, doch lieber zu warten, bis er die Erlaubnis zum Eintritt bekommt. Der Türhüter gibt ihm einen Schemel und läßt ihn seitwärts von der Tür sich niedersetzen. Dort sitzt er Tage und Jahre. Er macht viele Versuche, eingelassen zu werden, und ermüdet den Türhüter durch seine Bitten. Der Türhüter stellt öfters kleine Verhöre mit ihm an, fragt ihn über seine Heimat aus und nach vielem andern, es sind aber teilnahmslose Fragen, wie sie große

Herren stellen, und zum Schlusse sagt er ihm immer wieder, daß er ihn noch nicht einlassen könne. Der Mann, der sich für seine Reise mit vielem ausgerüstet hat, verwendet alles, und sei es noch so wertvoll, um den Türhüter zu bestechen. Dieser nimmt zwar alles an, aber sagt dabei: »Ich nehme es nur an, damit du nicht glaubst, etwas versäumt zu haben.« Während der vielen Jahre beobachtet der Mann den Türhüter fast ununterbrochen. Er vergißt die andern Türhüter, und dieser erste scheint ihm das einzige Hindernis für den Eintritt in das Gesetz. Er verflucht den unglücklichen Zufall, in den ersten Jahren rücksichtslos und laut, später, als er alt wird, brummt er nur noch vor sich hin. Er wird kindisch, und, da er in dem jahrelangen Studium des Türhüters auch die Flöhe in seinem Pelzkragen erkannt hat, bittet er auch die Flöhe, ihm zu helfen und den Türhüter umzustimmen. Schließlich wird sein Augenlicht schwach, und er weiß nicht, ob es um ihn wirklich dunkler wird, oder ob ihn nur seine Augen täuschen. Wohl aber erkennt er jetzt im Dunkel einen Glanz, der unverlöschlich aus der Türe des Gesetzes bricht. Nun lebt er nicht mehr lange. Vor seinem Tode sammeln sich in seinem Kopfe alle Erfahrungen der ganzen Zeit zu einer Frage, die er bisher an den Türhüter noch nicht gestellt hat. Er winkt ihm zu, da er seinen erstarrenden Körper nicht mehr aufrichten kann. Der Türhüter muß sich tief zu ihm hinunterneigen, denn der Größenunterschied hat sich sehr zuungunsten des Mannes verändert. »Was willst du denn jetzt noch wissen?« fragt der Türhüter, »du bist unersättlich.« »Alle streben doch nach dem Gesetz«, sagt der Mann, »wieso kommt es, daß in den vielen Jahren niemand außer mir Einlaß verlangt hat?« Der Türhüter erkennt, daß der Mann schon an seinem Ende ist, und, um sein vergehendes Gehör noch zu erreichen, brüllt er ihn an: »Hier konnte niemand sonst Einlaß erhalten, denn dieser Eingang war nur für dich bestimmt. Ich gehe jetzt und schließe ihn.«

FRANZ KAFKA


Spruch des Herrn: Ich lege mein Gesetz in sie hinein und schreibe es auf ihr Herz. Ich werde ihr Gott sein, und sie werden mein Volk sein. Keiner wird mehr den andern belehren, man wird nicht zueinander sagen: Erkennt den Herrn!, sondern sie alle, klein und groß, werden mich erkennen – Spruch des Herrn. Denn ich verzeihe ihnen die Schuld, an ihre Sünde denke ich nicht mehr.

JEREMIA 31, 33-34

*Die Frage, ob es einen Gott gibt*

Einer fragte Herrn K., ob es einen Gott gäbe. Herr K. sagte: »Ich rate dir, nachzudenken, ob dein Verhalten je nach der Antwort auf diese Frage sich ändern würde. Würde es sich nicht ändern, dann können wir die Frage fallenlassen. Würde es sich ändern, dann kann ich dir wenigstens noch so weit behilflich sein, daß ich dir sage, du hast dich schon entschieden: Du brauchst einen Gott.«

BERTOLT BRECHT


Würde man gebeten, das religiöse Leben in den denkbar weitesten und allgemeinsten Begriffen zu charakterisieren, so könnte man sagen, es bestehe in der Überzeugung, dass es eine unsichtbare Ordnung gibt und dass unser höchstes Gut in einer harmonischen Anpassung an diese liegt. Diese Überzeugung und diese Anpassung machen die religiöse Geisteshaltung aus.

WILLIAM JAMES


In einer wirklich freiheitlichen Gesinnung bleibt jener Begriff des Unendlichen als Bewußtsein der Endgültigkeit des irdischen Geschehens und der unabänderlichen Verlassenheit des Menschen erhalten und bewahrt die Gesellschaft vor einem blöden Optimismus, vor dem Aufspreizen ihres eigenen Wissens als einer neuen Religion.

MAX HORKHEIMER

Gewiß ist, daß wir immer in der Nähe und unter der Gegenwart Gottes leben dürfen und daß dieses Leben für uns ein ganz neues Leben ist; daß es für uns nichts Unmögliches mehr gibt, weil es für Gott nichts Unmögliches gibt; daß keine irdische Macht uns anrühren kann ohne Gottes Willen, und daß Gefahr und Not uns nur näher zu Gott treiben; gewiß ist, daß wir nichts zu beanspruchen haben und doch alles erbitten dürfen; gewiß ist, daß im Leiden unsere Freude, im Sterben unser Leben verborgen ist; gewiß ist, daß wir in dem allen in einer Gemeinschaft stehen, die uns trägt. Zu all dem hat Gott in Jesus Ja und Amen gesagt. Dieses Ja und Amen ist der feste Boden, auf dem wir stehen. Immer wieder in dieser turbulenten Zeit verlieren wir aus dem Auge, warum es sich eigentlich zu leben lohnt. Wir meinen, weil dieser oder jener Mensch lebt, habe es auch für uns Sinn zu leben. In Wahrheit aber ist es doch so: Wenn die Erde gewürdigt wurde, den Menschen Jesus Christus zu tragen, wenn ein Mensch wie Jesus gelebt hat, dann und nur dann hat es für uns Menschen einen Sinn zu leben.

DIETRICH BONHOEFFER

*Dass ich ein Mensch bin*

Dass ich ein Mensch bin,
Habe ich gemeinsam mit allen Menschen.
Dass ich sehe und höre
Und esse und trinke,
Ist mir gemeinsam mit allen Tieren.
Aber dass ich ich bin, ist nur mir eigen
Und gehört mir
Und niemand sonst,
Keinem anderen Menschen,
Noch einem Engel, noch Gott,
Außer dass ich eins bin mit ihm.

MEISTER ECKHART

Tue das Rechte, solange du auf Erden weilst. Beruhige den Weinenden, quäle keine Witwe, verdränge keinen Mann von der Habe seines Vaters und schädige die Räte nicht an ihren Sitzen. Hüte dich davor, ungerechterweise zu strafen. Schlage nicht selbst; das schickt sich nicht für dich ... Gott kennt den Frevler, Gott schlägt die Sünde gegen ihn ... Töte niemand, dessen Trefflichkeit du kennst, mit dem du einst Schriften gesungen hast. Wer bei Gott ist, schreitet frei an unzugänglichen Stellen. Die Seele kommt zu der Stätte, die sie kennt, und weicht nicht ab von ihren Wegen von gestern, kein Zauber wehrt sie ab. Sie gelangt zu denen, die ihr Wasser spenden.

AUS DER LEHRE FÜR KÖNIG MERIKARE

### Erfüllung des Gesetzes

Die Schüler fragten den Zloczower Maggid: »Es heißt im Talmud, unser Vater Abraham habe das ganze Gesetz erfüllt. Wie ist dies möglich, da es ihm noch nicht gegeben war?«

»Es tut nichts not«, sprach er, »als Gott zu lieben. Willst du etwas tun und merkst, es möchte deine Liebe mindern, wisse, es ist Sünde; willst du etwas tun und merkst, daraus wird sich deine Liebe mehren, wisse, dein Wille ist in Gottes Willen geschickt. So hielt es Abraham.«

MARTIN BUBER

Konfuzius sprach: Mit fünfzehn wandte ich mich dem Lernen zu, mit dreißig hatte ich festen Grund. Mit vierzig hatte ich keine Zweifel. Mit fünfzig kannte ich den Willen des Himmels. Mit sechzig war ich bereit, auf ihn zu hören. Mit siebzig konnte ich den Wünschen meines Herzens folgen, ohne gegen das Rechte zu verstoßen.

KONFUZIUS

Deus est mortali iuvare mortalem.
Gott ist's, daß ein
Sterblicher dem andern hilft.

C. PLINIUS MAIOR

Glaube aber nicht, dass das Fenster des Herzens nach der übersinnlichen Welt sich allein im Schlafe und im Tode erschließe. Denn so ist es nicht. Sondern wenn sich ein Mensch im Wachen selbst kasteit und sein Herz von Zornmut und Begierde und allem schlechten Wesen und allem Bösen dieser Welt reinigt und sich dann an einem einsamen Orte niedersetzt, die Augen schließt, die Sinne stilllegt und sein Herz in Verbindung setzt mit der höheren Welt, indem er im Geiste, nicht mit der Zunge, beständig spricht: »Allah! – Allah«, so lange, bis er das Bewusstsein verliert von sich selbst und der ganzen Welt und von nichts mehr weiß als von Gott, dann öffnet sich ihm, obgleich er wachend ist, jenes Fenster, und das, was andere nur im Schlafen sehen, schaut er im Wachen. Die Geister der Engel erscheinen ihm in herrlichen Gestalten, und er sieht die Propheten und empfängt von ihnen Belehrung und Beistand, und das Reich der Erde und des Himmels wird ihm gezeigt. Wem dieser Weg sich eröffnet hat, der schaut unbeschreibliche und gewaltige Dinge.

AL GHASÂLI

*Die Worte des Glaubens*

Drei Worte nenn ich euch, inhaltschwer,
    Sie gehen von Munde zu Munde,
Doch stammen sie nicht von außen her,
    Das Herz nur gibt davon Kunde;
Dem Menschen ist aller Wert geraubt,
Wenn er nicht mehr an die drei Worte glaubt.

Der Mensch ist frei geschaffen, ist frei,
    Und würd er in Ketten geboren,
Laßt euch nicht irren des Pöbels Geschrei,
    Nicht den Mißbrauch rasender Toren;
Vor dem Sklaven, wenn er die Kette bricht,
Vor dem freien Menschen erzittert nicht.

Und die Tugend, sie ist kein leerer Schall,
    Der Mensch kann sie üben im Leben,
Und sollt er auch straucheln überall,
    Er kann nach der göttlichen streben;
Und was kein Verstand der Verständigen sieht,
Das übet in Einfalt ein kindlich Gemüt.

Und ein Gott ist, ein heiliger Wille lebt,
    Wie auch der menschliche wanke,
Hoch über der Zeit und dem Raume webt
    Lebendig der höchste Gedanke;
Und ob alles in ewigem Wechsel kreist,
Es beharret im Wechsel ein ruhiger Geist.

Die drei Worte bewahret euch, inhaltschwer,
  Sie pflanzet von Munde zu Munde,
Und stammen sie gleich nicht von außen her,
  Euer Innres gibt davon Kunde;
Dem Menschen ist nimmer sein Wert geraubt,
So lang er noch an die drei Worte glaubt.

FRIEDRICH SCHILLER

Man steckt den Finger in die Erde, um zu riechen, in welchem Land man ist, ich stecke den Finger ins Dasein; es riecht nach gar nichts. Wo bin ich? Was will das heißen: Welt? Wer hat mich in das Ganze hineingelockt und lässt mich nun da stehen? Warum werde ich nicht gefragt, sondern ins Glied gestellt, als sei ich von einem Seelenverkäufer gekauft?

SØREN KIERKEGAARD

## Jonas zum Beispiel

Jehova war der Herr, der das Meer und das Trockene gemacht hat, und die Juden waren sein Volk, er schloß einen Vertrag mit ihnen. Der ging über die menschlichen Kräfte, von Zeit zu Zeit geriet er in Vergessenheit. Dann erweckte Jehova einen Vorbedachten und Auserwählten in seinem Volke zum Propheten, der sollte dem König mit seinen Großen und ihren Untertanen sagen, wie der Herr es meine. Jesaja lebte im Unglück mit seinen Reden, Jeremia kam in die Kloake zu sitzen. Die Seele des Propheten ist empfindlich und wissend und zweiflerisch, um die Stimme des Herrn zu hören und das Unglück zu erfahren.

Als die Bosheit und Sünde der Stadt Ninive vor Jehova gekommen waren, geriet er in Zorn wegen seines Gesetzes. Er berief Jona (den Sohn Amitthais, von Gath-Hahepher) und beauftragte ihn mit dem Ausrufen seines großen Ärgers und mit der Verkündung des nahen Untergangs in den Straßen von Ninive.

Da wollte Jona nach Tharsis fliehen. Die gelehrte Forschung dieser Hinsicht meint, daß diese Stadt vielleicht in Südspanien vermutet werden könne, und hält eine unvergleichliche Entfernung für jedenfalls wahrscheinlich. Als das Schiff aus dem Hafen von Joppe gelaufen war, drückte Jehova einen gewaltigen Wind ins Meer, und es entstand ein gewaltiger Sturm auf dem Meere: so daß das Schiff zu scheitern drohte. Die Besatzung warf das Los über den Schuldigen, und das Los fiel auf Jona. Er soll ja geschlafen haben. Sie holten ihn an Deck und schmissen ihn über Bord, zumal er es selber für das Beste hielt. Und das Meer wurde still. Und Jehova entbot einen großen Fisch, der verschlang Jona, und Jona sang drei Tage und drei Nächte im Bauch des Fisches zu Jehova, seinem Herrn. So heißt es. Dann spie der Fisch ihn ans Land, und Jona ging nach Ninive.

Ninive war eine über alle Maßen große Stadt und nur in drei Tagesreisen zu durchqueren. Und Jona ging in die Stadt hinein eine Tagesreise weit; dann predigte er: Noch vierzig Tage, und Ninive ist zerstört!, und die Leute von Ninive erkannten Gott in seinem großen Ärger. Sie riefen ein schlimmes Fasten aus und kleideten sich in ihre Trauergewänder. Und der König von Ninive bedeckte sich mit dem Trauergewand und bestrich sich ein wenig mit Asche. Der König befahl: Menschen und Vieh sollen nichts genießen, sie sollen nicht weiden noch Wasser trinken. Sie sollen sich in Trauer hüllen: Menschen und Vieh, und mit Macht zu Gott rufen, und sollen ein jeder sich bekehren von seinem bösen Wandel und von dem Frevel, der an seinen Händen ist. Wer weiß, vielleicht gereut es Gott doch noch. Als Gott nun diese Dinge alle sah, die sie tun wollten, gereute ihn das angedrohte Unheil, und er tat es nicht.

Das verdroß Jona sehr, und er ging zornig weg. Er baute eine Hütte östlich der Stadt und saß darunter, bis er sehe, wie es der Stadt ergehen werde. Und zum dritten Male redete Jehova mit ihm: Ist es recht, daß du hier sitzest und lieber sterben möchtest als noch weiter leben? Aber Jona antwortete, das sei recht, denn warum habe er nach Tharsis fliehen wollen? Weil du nie tust, wie du gesagt hast und wie es gerecht ist nach deinem Gesetz! Und der Herr entbot einen Rizinus, dessen Saft als castor oil gehandelt wird anderswo in der Welt; der wuchs über Jona empor, um seinem Haupte Schatten zu geben und ihm so seinen Unmut zu nehmen. Über diesen Rizinus freute Jona sich sehr. Am folgenden Morgen entbot Jehova einen Wurm, der beschädigte den Rizinus, so daß er verdorrte. Und der Herr setzte Jona zu mit hartem Wind und großer Hitze. Da wünschte Jona sich den Tod. Der Herr aber sprach zu Jona: Ist es recht, daß du so zürnest um des Rizinus willen? Jona antwortete: Das Leben ist mir verleidet. Das sagte Jehova, sein Herr: Dich jammert des Rizinus, um den du keine Mühe hattest, der groß gewachsen ist und verdorben von einem Morgen zum anderen. Warum jammert dich nicht der großen Stadt Ninive, in der über hundertundzwanzigtausend Menschen sind, die zwischen links und rechts noch nicht unterscheiden können, dazu die Menge Vieh?

Und Jona blieb sitzen im Angesicht der sündigen Stadt Ninive und wartete auf ihren Untergang länger als vierzig mal vierzig Tage? Und Jona ging aus dem Leben in den Tod, der ihm lieber war? Und Jona stand auf und führte ein Leben in Ninive? Wer weiß.

UWE JOHNSON

Nur ein Schilfrohr, das Zerbrechlichste in der Welt, ist der Mensch, aber ein Schilfrohr, das denkt. Nicht ist es nötig, dass sich das All wappne, um ihn zu vernichten: ein Windhauch, ein Wassertropfen reichen hin, um ihn zu töten. Aber, wenn das All ihn vernichten würde, so wäre der Mensch doch edler als das, was ihn zerstört, denn er weiß, dass er stirbt, und er kennt die Übermacht des Weltalls über ihn; das Weltall aber weiß nichts davon. Die ganze Würde des Menschen besteht im Denken, an ihm müssen wir uns aufrichten und nicht am Raum und an der Zeit, die wir doch nie ausschöpfen werden. Bemühen wir uns also, richtig zu denken, das ist die Grundlage der Sittlichkeit.

BLAISE PASCAL

Nimm eine Kerze in die Hand
wie in den Katakomben,
das kleine Licht atmet kaum.
Und doch, wenn du lange gegangen bist,
bleibt das Wunder nicht aus,
weil das Wunder immer geschieht,
und weil wir ohne die Gnade
nicht leben können:
die Kerze wird hell vom freien Atem des Tags,
du bläst sie lächelnd aus
wenn du in die Sonne trittst
und unter den blühenden Gärten
die Stadt vor dir liegt,
und in deinem Hause
dir der Tisch weiß gedeckt ist.
Und die verlierbaren Lebenden
und die unverlierbaren Toten
dir das Brot brechen und den Wein reichen –
und du ihre Stimmen wieder hörst
ganz nahe
bei deinem Herzen.

HILDE DOMIN

»Daß es uns an Glauben fehle, kann man nicht sagen. Allein die einfache Tatsache unseres Lebens ist in ihrem Glaubenswert gar nicht auszuschöpfen.« »Hier wäre ein Glaubenswert? Man kann doch nicht nicht-leben.« »Eben in diesem ›kann doch nicht‹ steckt die wahnsinnige Kraft des Glaubens; in dieser Verneinung bekommt sie Gestalt.«

FRANZ KAFKA


Es ist lachhaft, ohne Glaube zu leben. Daher sind wir voreinander die lachhaftesten Kreaturen geworden und unser höchstes Wissen hat nicht verhindert, daß wir uns selbst für den Auswurf eines schallenden Gottesgelächters halten.

BOTHO STRAUSS


Mein Selbst kann nicht unter der Gewalt des Anderen stehen, auch nicht, wenn dieser Andere Gott ist. Ja dann erst recht und eigentlich nicht … Gott ist aber nicht der Andere, deshalb, weil er Gott ist.

ROMANO GUARDINI


Gott ist von allem, was wir sind, wir ewig Anfangende, der vorletzte Schluß, das offene Ende, durch das wir denken und atmen können.

BOTHO STRAUSS

*Franz von Assisi*

Fand er irgendwo Blumen in ganzen Gruppen beisammenstehen, so konnte er ihnen wohl eine Predigt halten und sie – ganz als ob sie's verstünden – zum Lobe des Herrn ermuntern. Aber auch Saatfelder und Weinberge, Steine, Wälder, herrliche Auen und rieselnde Quellen, grünende Gärten, Erde, Feuer, Luft und Wind – alle erinnerte er kindlich-reinen Herzens an die Liebe Gottes und ermahnte sie zu freudevollem Gehorsam. Er nannte alle geschaffenen Wesen seine Geschwister, und in einzigartiger Weise ging der Blick seines Herzens bis ins allerinnerste Geheimnis der Dinge hinein, das den Menschen sonst verschlossen ist: war er doch schon zur Freiheit der Kinder Gottes gelangt (Rom 8, 21).

Nun lobt er dich im Himmel mit den Engeln, guter Jesus, dich, den Wunderbaren, den er schon auf Erden allen Geschöpfen als den Liebenswürdigen gepredigt hatte.

THOMAS VON CELANO

Mag auch der Mensch als Geschöpf Gottes in allem gebunden sein, was er zu tun vermag, so fordert doch Gott nicht nur etwas von ihm, sondern überläßt ihn seiner Freiheit.

JOHANNES DUNS SCOTUS

*Das tägliche Gebet*

Ich will bei der Wahrheit bleiben.
Ich will mich keiner Ungerechtigkeit beugen.
Ich will frei sein von Furcht.
Ich will keine Gewalt anwenden.
Ich will guten Willens sein gegen jedermann.

MAHATMA GANDHI


Der ehrliche religiöse Denker ist wie ein Seiltänzer. Er geht dem Anschein nach, beinahe nur auf Luft. Sein Boden ist der schmalste, der sich denken lässt. Und dennoch lässt sich auf ihm wirklich gehen.

LUDWIG WITTGENSTEIN

*Geduld erreicht alles*

Nichts soll dich ängstigen,
Nichts dich erschrecken.
Alles vergeht,
Gott bleibt derselbe.
Geduld erreicht alles.
Wer Gott besitzt,
Dem kann nichts fehlen.
Gott nur genügt.

TERESA VON AVILA

Jeden Glauben abweisen, der die Leerräume ausfüllen, die Bitternisse lindern soll. Den an die Unsterblichkeit. Den an die Nützlichkeit der Sünden: *etiam peccata*. Den an eine durch die Vorsehung bestimmte Ordnung des Geschehens – kurz: die »Tröstungen«, die man gewöhnlich in der Religion sucht.

SIMONE WEIL

Gott hört mich in jedem Winkel der Welt.

THOMAS BERNHARD

Was sage ich denn, wenn ich dich meinen Gott, den Gott meines Lebens nenne? Sinn meines Lebens? Ziel meiner Wege? Weihe meiner Taten? Gericht meiner Sünden? Die Bitterkeit meiner bitteren Stunden und mein geheimstes Glück? Meine Kraft, die meine Kraft mit Ohnmacht schlägt? Schöpfer, Erhalter, Begnadiger, Naher und Ferner? Unbegreiflicher? Gott meiner Brüder? Gott meiner Väter? Gibt es Namen, die ich dir nicht geben müsste? Aber was habe ich gesagt, wenn ich dir alle gegeben? Wenn ich, stehend am Rande deiner Unendlichkeit, hineingerufen hätte in die weglosen Fernen deines Seins alle die Worte zumal, die ich aufgelesen habe in der ärmlichen Enge meiner Endlichkeit? Nie hätte ich dich ausgesagt.

Aber warum fange ich dann überhaupt an, dir von dir zu reden? Warum quälst du mich mit deiner Unendlichkeit, wenn ich sie doch nie ermesse? Warum zwingst du mich auf deine Wege, wenn sie doch nur in die dunkle Unheimlichkeit deiner Nacht führen, die nur dir selber licht ist?

… Doch wohin sollte ich gehen? Wäre die enge Hütte mit ihren kleinen vertrauten Dingen, wäre das irdische Leben mit seinen großen Freuden und Schmerzen mir Heimat, wäre nicht all das umschlossen von deinen fernen Unendlichkeiten? Ist die Erde mir Heimat, wenn nicht dein ferner Himmel über ihr steht?

KARL RAHNER

Das Licht ist in die Welt gekommen. Jeder muß sich entscheiden, ob er im Licht der Nächstenliebe oder im Dunkel der Eigensucht wandeln will. Danach werden wir beurteilt. Die wichtigste und dringlichste Frage lautet daher: Was hast du für andere getan?

MARTIN LUTHER KING

Andre durchschauen ist Umsicht;
Sich selbst durchschauen ist Einsicht.
Andre lenken ist Können;
Selbst sich lenken ist Macht.
Beginnen können ist Stärke;
Vollenden können ist Kraft.
Nicht-Zerfall ist Ewigkeit;
Nicht-Nichtigkeit nach dem Tod ist
    Unsterblichkeit.

LAO-TSE

## ABWESENHEIT GOTTES

Die mündige Welt ist gottloser und darum vielleicht gerade Gott-näher als die unmündige Welt.

DIETRICH BONHOEFFER

Stattlich und feist erschien Buck Mulligan am Treppenaustritt, ein Seifenbecken in Händen, auf dem gekreuzt ein Spiegel und ein Rasiermesser lagen. Ein gelber Schlafrock mit offenem Gürtel bauschte sich leicht hinter ihm in der milden Morgenluft. Er hielt das Becken in die Höhe und intonierte:

– *Introibo ad altare Dei.*

Innehaltend spähte er die dunkle Wendeltreppe hinunter und kommandierte grob:

– Komm rauf, Kinch! Komm rauf, du feiger Jesuit!

Feierlich schritt er weiter und erstieg das runde Geschützlager. Dort machte er kehrt und segnete würdevoll dreimal den Turm, das umliegende Land und die erwachenden Berge. Dann gewahrte er Stephen Dedalus, verneigte sich vor ihm und schlug rasche Kreuze in die Luft, kehlig glucksend dabei und den Kopf schüttelnd. Stephen Dedalus, mißlaunig und schläfrig, lehnte die Arme auf den Rand der Treppenmündung und betrachtete kalt das sich schüttelnde, glucksende, in seiner Länge pferdehafte Gesicht, das ihn segnete, und das helle untonsurierte Haar, das fleckig getönt war wie matte Eiche.

Buck Mulligan lugte kurz unter den Spiegel und deckte dann mit pfiffiger Miene das Becken zu.

– Huschhusch ins Körbchen, sagte er streng. Und im Ton eines Predigers fügte er hinzu:

– Denn dies, o geliebte Gemeinde, ist der wahre eucharistische Jakob: Leib und Seele, potz Blut und Wunden. Getragene Musik, wenn ich bitten darf. Die Augen zu, Herrschaften. Einen Moment. Kleine Panne mit den weißen Korpuskeln. Silentium, alle!

Er spähte schräg in die Höhe und stieß einen langen leisen rufenden Pfiff aus, dann verhielt er eine Weile in gespannter Aufmerksamkeit, und seine ebenmäßigen weißen Zähne glitzerten hier und da golden gepunktet. Chrysostomos. Zwei starke schrille Pfiffe antworteten durch die Stille.

– Danke, alter Freund, rief er munter. Das reicht dicke. Stell den Strom ab, ja?

JAMES JOYCE

Inständig baten wir Gott, dass Er die Welt verlasse. Das hat Er gemacht, auf unser Verlangen. Ein gähnendes Loch ist geblieben. Wir beten immerfort zu diesem Loch, zum Nichts. Niemand antwortet. Wir sind wütend oder enttäuscht. Ist das ein Beweis der Nichtexistenz Gottes?

LESZEK KOLAKOWSKI

Ich ahnte die Religion voraus, ich erhoffte sie, da sie die Rettung war. Hätte man sie mir verweigert, ich hätte sie selbst erfunden. Man verweigerte sie mir nicht: im katholischen Glauben erzogen, erfuhr ich, der Allmächtige habe mich zu seinem Ruhm erschaffen. Das war mehr, als ich zu träumen gewagt hatte. In der Folge aber erkannte ich in dem gesellschaftsfähigen Gott, den man mir beibrachte, nicht denjenigen, den meine Seele erwartete. Ich brauchte einen Weltschöpfer, man gab mir einen Obersten Chef: die beiden bildeten eine Einheit, aber das wußte ich nicht: lustlos diente ich dem pharisäischen Idol, und die offizielle Lehre nahm mir die Lust, meinen eigenen Glauben zu suchen. Welches Glück! Vertrauen und Trostlosigkeit hatten aus meiner Seele ein Musterland gemacht für die Himmelssaat: ohne dieses Mißverständnis wäre ich Mönch geworden.

JEAN PAUL SARTRE

Ich hatte einen Gott und hätte das Leben für IHN gegeben. Heute würde ich es auch geben, wenn ich ihn hätte.

ANTONIO PORCHIA

Im Jahr 1917 wartete ich eines Morgens in La Rochelle auf Mitschüler, die mich ins Gymnasium begleiten sollten; sie verspäteten sich, so daß ich bald zu meiner Zerstreuung nichts mehr zu erfinden vermochte und beschloß, an den

Allmächtigen zu denken. Augenblicklich machte er sich in den Azur davon und verschwand ohne irgendeine Erklärung: er existiert nicht, sagte ich, höflich erstaunt, zu mir selbst, und hielt die Angelegenheit für abgetan. In gewisser Weise war sie es auch, denn seither habe ich niemals die leiseste Versuchung gespürt, ihn von neuem zu beschwören. Aber der Andere blieb, der Unsichtbare, der Heilige Geist, der meinen Auftrag garantierte und mein Leben durch große, anonyme und geheiligte Kräfte regierte. Von dem da konnte ich mich um so schwerer frei machen, als er sich im hinteren Winkel meines Kopfes eingerichtet hatte mit Hilfe von eingeschmuggelten Begriffen, deren ich mich bediente, um mich zu verstehen, meine Lage zu bestimmen und mich zu rechtfertigen. Wenn ich schrieb, so hieß das lange Zeit, daß ich den Tod und die maskierte Religion darum bat, mein Leben dem Zufall zu entreißen. Ich war ein Mann der Kirche; als Militant wollte ich mich durch die Werke retten; als Mystiker bemühte ich mich darum, das Schweigen des Seins durch ein lästiges Geräusch von Wörtern zu enthüllen, wobei ich vor allem die Dinge mit ihren Namen verwechselte. Das ist: Glauben ...

Ich habe mich geändert. Später werde ich erzählen, durch welche Säuren die deformierenden Klarheiten zerfressen wurden, die mich umgeben hatten, wann und auf welche Weise ich die Gewaltsamkeit erlernte und meine Häßlichkeit entdeckte – sie war lange Zeit mein negatives Prinzip, die Kalkgrube, worin sich das Wunderkind auflöste –, wodurch ich dazu gebracht wurde, systematisch gegen mich selbst zu denken: so stark, daß mir ein Gedanke um so einleuchtender erschien, je mehr er mir mißfiel. Die Illusion der Rückschau ist zerbröckelt; Märtyrertum, Heil, Unsterblichkeit, alles fällt in sich zusammen, das Gebäude sinkt in Trümmer, ich habe den Heiligen Geist im Keller geschnappt und ausgetrieben; der Atheismus ist ein grausames und langwieriges Unterfangen; ich glaube ihn bis zum Ende betrieben zu haben. Ich sehe klar, bin ernüchtert, kenne meine wirklichen Aufgaben, verdiene sicherlich einen Preis für Bürgertugend; seit ungefähr zehn Jahren bin ich ein Mann, der geheilt aus einem langen, bitteren und süßen Wahn erwacht und der sich nicht darüber beruhigen kann und der auch nicht ohne Heiterkeit an seine einstigen Irrtümer zu denken vermag und der nichts mehr mit seinem Leben anzufangen weiß. Wieder bin ich, wie damals mit sieben Jahren, der Reisende ohne Fahrkarte: der Schaffner ist in mein Abteil gekommen und schaut mich an, weniger streng als einst. Er möchte am liebsten wieder hinausgehen, damit ich meine Reise in Frieden beenden kann; ich soll ihm nur eine annehmbare Entschuldigung sagen, ganz gleich welche, dann ist er zufrieden. Unglücklicherweise finde ich keine und habe übrigens auch keine Lust, eine zu suchen. So bleiben wir miteinander im Abteil, voller Unbehagen, bis zur Station Dijon, wo mich, wie ich genau weiß, niemand erwartet.

Ich habe das geistliche Gewand abgelegt, aber ich bin nicht abtrünnig geworden: ich schreibe nach wie vor. Was sollte ich sonst tun?

JEAN PAUL SARTRE

*Verlorenes Ich*

Verlorenes Ich, zersprengt von Stratosphären,
Opfer des Ion –: Gamma-Strahlen-Lamm –
Teilchen und Feld –: Unendlichkeitschimären
auf deinem grauen Stein von Notre-Dame.

Die Tage gehn dir ohne Nacht und Morgen,
die Jahre halten ohne Schnee und Frucht
bedrohend das Unendliche verborgen –
die Welt als Flucht.

Wo endest du, wo lagerst du, wo breiten
sich deine Sphären an – Verlust, Gewinn -:
ein Spiel von Bestien: Ewigkeiten,
an ihren Gittern fliehst du hin.

Der Bestienblick: die Sterne als Kaidaunen,
der Dschungeltod als Seins- und Schöpfungsgrund.
Mensch, Völkerschlachten, Katalaunen
hinab den Bestienschlund.

Die Welt zerdacht. Und Raum und Zeiten
und was die Menschheit wob und wog,
Funktion nur von Unendlichkeiten –
die Mythe log.

Woher, wohin – nicht Nacht, nicht Morgen,
kein Evoë, kein Requiem,
du möchtest dir ein Stichwort borgen –
allein bei wem?

Ach, als sich alle einer Mitte neigten
und auch die Denker nur den Gott gedacht,
sie sich den Hirten und dem Lamm verzweigten,
wenn aus dem Kelch das Blut sie rein gemacht,

und alle rannen aus der einen Wunde,
brachen das Brot, das jeglicher genoß –
o ferne zwingende erfüllte Stunde,
die einst auch das verlorne Ich umschloß.

GOTTFRIED BENN

### Rede des toten Christus vom Weltgebäude herab, daß kein Gott sei

Ich lag einmal an einem Sommerabende vor der Sonne auf einem Berge und entschlief. Da träumte mir, ich erwachte auf dem Gottesacker. Die abrollenden Räder der Turmuhr, die elf Uhr schlug, hatten mich erweckt. Ich suchte im ausgeleerten Nachthimmel die Sonne, weil ich glaubte, eine Sonnenfinsternis verhülle sie mit dem Mond. Alle Gräber waren aufgetan, und die eisernen Türen des Gebeinhauses gingen unter unsichtbaren Händen auf und zu. An den Mauern flogen Schatten, die niemand warf, und andere Schatten gingen aufrecht in der bloßen Luft. In den offenen Särgen schlief nichts mehr als die Kinder. Am Himmel hing in großen Falten bloß ein grauer schwüler Nebel, den ein Riesenschatte wie ein Netz immer näher, enger und heißer herein zog. Über mir hört' ich den fernen Fall der Lawinen, unter mir den ersten Tritt eines unermeßlichen Erdbebens. Die Kirche schwankte auf und nieder von zwei unaufhörlichen Mißtönen, die in ihr miteinander kämpften und vergeblich zu einem Wohllaut zusammenfließen wollten. Zuweilen hüpfte an ihren Fenstern ein grauer Schimmer hinan, und unter dem Schimmer lief das Blei und Eisen zerschmolzen nieder. Das Netz des Nebels und die schwankende Erde rückten mich in den Tempel, vor dessen Tore in zwei Gift-Hecken zwei Basilisken funkelnd brüteten. Ich ging durch unbekannte Schatten, denen alte Jahrhunderte aufgedrückt waren. – Alle Schatten standen um den Altar, und allen zitterte und schlug statt des Herzens die Brust. Nur ein Toter, der erst in die Kirche begraben worden, lag noch auf seinen Kissen ohne eine zitternde Brust, und auf seinem lächelnden Angesicht stand ein glücklicher Traum. Aber da ein Lebendiger hineintrat, erwachte er und lächelte nicht mehr, er schlug mühsam ziehend das schwere Augenlid auf, aber innen lag kein Auge, und in der schlagenden Brust war statt des Herzens eine Wunde. Er hob die Hände empor und faltete sie zu einem Gebete; aber die Arme verlängerten sich und löseten sich ab, und die Hände fielen gefaltet hinweg. Oben am Kirchengewölbe stand das Zifferblatt der Ewigkeit, auf dem keine Zahl erschien und das sein eigner Zeiger war; nur ein schwarzer Finger zeigte darauf, und die Toten wollten die Zeit darauf sehen.

Jetzo sank eine hohe edle Gestalt mit einem unvergänglichen Schmerz aus der Höhe auf den Altar hernieder, und alle Toten riefen: »Christus! ist kein Gott?«

Er antwortete: »Es ist keiner.«

Der ganze Schatten jedes Toten erbebte, nicht bloß die Brust allein, und einer um den andern wurde durch das Zittern zertrennt.

Christus fuhr fort: »Ich ging durch die Welten, ich stieg in die Sonnen und flog mit den Milchstraßen durch die Wüsten des Himmels; aber es ist kein Gott.

Ich stieg herab, soweit das Sein seine Schatten wirft, und schauete in den Abgrund und rief: ›Vater, wo bist du?‹ aber ich hörte nur den ewigen Sturm, den niemand regiert, und der schimmernde Regenbogen aus Wesen stand ohne eine Sonne, die ihn schuf, über dem Abgrunde und tropfte hinunter. Und als ich aufblickte zur unermeßlichen Welt nach dem göttlichen *Auge,* starrte sie mich mit einer leeren bodenlosen *Augenhöhle* an; und die Ewigkeit lag auf dem Chaos und zernagte es und wiederkäuete sich. – Schreiet fort, Mißtöne, zerschreiet die Schatten; denn Er ist nicht!«

Die entfärbten Schatten zerflatterten, wie weißer Dunst, den der Frost gestaltet, im warmen Hauche zerrinnt; und alles wurde leer. Da kamen, schrecklich für das Herz, die gestorbenen Kinder, die im Gottesacker erwacht waren, in den Tempel und warfen sich vor die hohe Gestalt am Altare und sagten: »Jesus! haben wir keinen Vater?« – Und er antwortete mit strömenden Tränen: »Wir sind alle Waisen, ich und ihr, wir sind ohne Vater.«

Da kreischten die Mißtöne heftiger – die zitternden Tempelmauern rückten auseinander – und der Tempel und die Kinder sanken unter – und die ganze Erde und die Sonne sanken nach – und das ganze Weltgebäude sank mit seiner Unermeßlichkeit vor uns vorbei – und oben am Gipfel der unermeßlichen Natur stand Christus und schauete in das mit tausend Sonnen durchbrochne Weltgebäude herab, gleichsam in das in die ewige Nacht gewühlte Bergwerk, in dem die Sonnen wie Grubenlichter und die Milchstraßen wie Silberadern gehen.

Und als Christus das reibende Gedränge der Welten, den Fackeltanz der himmlischen Irrlichter und die Korallenbänke schlagender Herzen sah, und als er sah, wie eine Weltkugel um die andere ihre glimmenden Seelen auf das Totenmeer ausschüttete, wie eine Wasserkugel schwimmende Lichter auf die Wellen streuet: so hob er groß wie der höchste Endliche die Augen empor gegen das Nichts und gegen die leere Unermeßlichkeit und sagte: »Starres, stummes Nichts! Kalte, ewige Notwendigkeit! Wahnsinniger Zufall! Kennt ihr das unter euch? Wann zerschlagt ihr das Gebäude und mich? – Zufall, weißt du selber, wenn du mit Orkanen durch das Sternen-Schneegestöber schreitest und eine Sonne um die andere auswehest, und wenn der funkelnde Tau der Gestirne ausblinkt, indem du vorübergehest? – Wie ist jeder so allein in der weiten Leichengruft des Alles! Ich bin nur neben mir – O Vater! o Vater! wo ist deine unendliche Brust, daß ich an ihr ruhe? – Ach wenn jedes Ich sein eigner Vater und Schöpfer ist, warum kann es nicht auch sein eigner Würgengel sein? ...

Ist das neben mir noch ein Mensch? Du Armer! Euer kleines Leben ist der Seufzer der Natur oder nur sein Echo – ein Hohlspiegel wirft seine Strahlen in die Staubwolken aus Totenasche auf euere Erde hinab, und dann entsteht ihr bewölkten, wankenden Bilder. – Schaue hinunter in den Abgrund, über welchen Aschenwolken ziehen – Nebel voll Welten steigen aus dem Totenmeer, die Zukunft ist ein steigender Nebel, und die Gegenwart ist der fallende. – Erkennst du deine Erde?«

Hier schauete Christus hinab, und sein Auge wurde voll Tränen, und er sagte: »Ach, ich war sonst auf ihr: da war ich noch glücklich, da hatt' ich noch meinen unendlichen Vater und blickte noch froh von den Bergen in den unermeßlichen Himmel und drückte die durchstochne Brust an sein linderndes Bild und sagte noch im herben Tode: ›Vater, ziehe deinen Sohn aus der blutenden Hülle und heb ihn an dein Herz!‹ ... Ach ihr überglücklichen Erdenbewohner, ihr glaubt Ihn noch. Vielleicht gehet jetzt euere Sonne unter, und ihr fallet unter Blüten, Glanz und Tränen auf die Knie und hebet die seligen Hände empor und rufet unter tausend Freudentränen zum aufgeschlossenen Himmel hinauf: ›auch mich kennst du, Unendlicher, und alle meine Wunden, und nach dem Tode empfängst du mich und schließest sie alle.‹ ... Ihr Unglücklichen, nach dem Tode werden sie nicht geschlossen. Wenn der Jammervolle sich mit wundem Rücken in die Erde legt, um einem schönern Morgen voll Wahrheit, voll Tugend und Freude entgegenzuschlummern: so erwacht er im stürmischen Chaos, in der ewigen Mitternacht – und es kommt kein Morgen und keine heilende Hand und kein unendlicher Vater! – Sterblicher neben mir, wenn du noch lebest, so bete Ihn an: sonst hast du Ihn auf ewig verloren.«

Und als ich niederfiel und ins leuchtende Weltgebäude blickte: sah ich die emporgehobenen Ringe der Riesenschlange der Ewigkeit, die sich um das Welten-All gelagert hatte – und die Ringe fielen nieder, und sie umfaßte das All doppelt – dann wand sie sich tausendfach um die Natur – und quetschte die Welten aneinander – und drückte zermalmend den unendlichen Tempel zu einer Gottesacker-Kirche zusammen – und alles wurde eng, düster, bang – und ein unermeßlich ausgedehnter Glockenhammer sollte die letzte Stunde der Zeit schlagen und das Weltgebäude zersplittern ... als ich erwachte.

Meine Seele weinte vor Freude, daß sie wieder Gott anbeten konnte – und die Freude und das Weinen und der Glaube an ihn waren das Gebet. Und als ich aufstand, glimmte die Sonne tief hinter den vollen purpurnen Kornähren und warf friedlich den Widerschein ihres Abendrotes dem kleinen Monde zu, der ohne eine Aurora im Morgen aufstieg; und zwischen dem Himmel und der Erde streckte eine frohe vergängliche Welt ihre kurzen Flügel aus und lebte, wie ich, vor dem unendlichen Vater; und von der ganzen Natur um mich flössen friedliche Töne aus, wie von fernen Abendglocken.

JEAN PAUL

## Der tolle Mensch

Habt ihr nicht von jenem tollen Menschen gehört, der am hellen Vormittage eine Laterne anzündete, auf den Markt lief und unaufhörlich schrie: »Ich suche Gott! Ich suche Gott!« – Da dort gerade viele von denen zusammenstanden, welche nicht an Gott glaubten, so erregte er ein großes Gelächter. Ist er denn verlorengegangen? sagte der eine. Hat er sich verlaufen wie ein Kind? sagte der andere. Oder hält er sich versteckt? Fürchtet er sich vor uns? Ist er zu Schiff gegangen? ausgewandert? – so schrien und lachten sie durcheinander. Der tolle Mensch sprang mitten unter sie und durchbohrte sie mit seinen Blicken. »Wohin ist Gott? rief er, ich will es euch sagen! Wir haben ihn getötet – ihr und ich! Wir alle sind seine Mörder! Aber wie haben wir dies gemacht? Wie vermochten wir das Meer auszutrinken? Wer gab uns den Schwamm, um den ganzen Horizont wegzuwischen? Was taten wir, als wir diese Erde von ihrer Sonne losketteten? Wohin bewegt sie sich nun? Wohin bewegen wir uns? Fort von allen Sonnen? Stürzen wir nicht fortwährend? Und rückwärts, seitwärts, vorwärts, nach allen Seiten? Gibt es noch ein Oben und ein Unten? Irren wir nicht wie durch ein unendliches Nichts? Haucht uns nicht der leere Raum an? Ist es nicht kälter geworden? Kommt nicht immerfort die Nacht und mehr Nacht? Müssen nicht Laternen am Vormittage angezündet werden? Hören wir noch nichts von dem Lärm der Totengräber, welche Gott begraben? Riechen wir noch nichts von der göttlichen Verwesung? – auch Götter verwesen! Gott ist tot! Gott bleibt tot! Und wir haben ihn getötet! Wie trösten wir uns, die Mörder aller Mörder? Das Heiligste und Mächtigste, was die Welt bisher besaß, es ist unter unseren Messern verblutet – wer wischt dies Blut von uns ab? Mit welchem Wasser könnten wir uns reinigen? Welche Sühnefeiern, welche heiligen Spiele werden wir erfinden müssen? Ist nicht die Größe dieser Tat zu groß für uns? Müssen wir nicht selber zu Göttern werden, um nur ihrer würdig zu erscheinen? Es gab nie eine größere Tat – und wer nur immer nach uns geboren wird, gehört um dieser Tat willen in eine höhere Geschichte, als alle Geschichte bisher war!« – Hier schwieg der tolle Mensch und sah wieder seine Zuhörer an: auch sie schwiegen und blickten befremdet auf ihn. Endlich warf er seine Laterne auf den Boden, daß sie in Stücke sprang und erlosch. »Ich komme zu früh«, sagte er dann, »ich bin noch nicht an der Zeit. Dies ungeheure Ereignis ist noch unterwegs und wandert – es ist noch nicht bis zu den Ohren der Menschen gedrungen. Blitz und Donner brauchen Zeit, das Licht der Gestirne braucht Zeit, Taten brauchen Zeit, auch nachdem sie getan sind, um gesehen und gehört zu werden. Diese Tat ist ihnen immer noch ferner als die fernsten Gestirne – und doch haben sie dieselbe getan!« – Man erzählt noch, daß der tolle Mensch desselbigen Tages in verschiedene Kirchen eingedrungen sei und darin sein Requiem aeternam deo angestimmt habe. Hinausgeführt und zur Rede gesetzt, habe er immer nur dies entgegnet: »Was sind denn diese Kirchen noch, wenn sie nicht die Grüfte und Grabmäler Gottes sind?«

FRIEDRICH NIETZSCHE

Aber die Seele fliegt auf
leiser als das Zittern des Palmblatts
höher als das Hohelied
Mit der Bitte um Einlass
in ein schreckenloses Land
Wo Apfel-, Granat- und
Palmbäume wohnen, wo sie grünen
ohne Getöse, ohne die Schmerzen der Welt.

ELISABETH BORCHERS

## Die fünfzigste Pforte

Ein Schüler Rabbi Baruchs hatte, ohne seinem Lehrer davon zu sagen, der Wesenheit Gottes nachgeforscht und war im Gedanken immer weiter vorgedrungen, bis er in ein Wirrsal von Zweifeln geriet und das bisher Gewisseste ihm unsicher wurde. Als Rabbi Baruch merkte, daß der Jüngling nicht mehr wie gewohnt zu ihm kam, fuhr er nach dessen Stadt, trat unversehens in seine Stube und sprach ihn an: »Ich weiß, was in deinem Herzen verborgen ist. Du bist durch die fünfzig Pforten der Vernunft gegangen. Man beginnt mit einer Frage, man grübelt, ergrübelt ihr die Antwort, die erste Pforte öffnet sich: in eine neue Frage. Und wieder ergründest du sie, findest ihre Lösung, stoßest die zweite Pforte auf – und schaust in eine neue Frage. So oft und fort, so tiefer und tiefer hinein. Bis du die fünfzigste Pforte aufgesprengt hast. Da starrst du die Frage an, die kein Mensch erreicht; denn kennte sie einer, dann gäbe es nicht mehr die Wahl. Vermissest du dich aber, weiter vorzudringen, stürzest du in den Abgrund.« »So müßte ich also den Weg zurück an den Anfang?« rief der Schüler. »Nicht zurück kehrst du«, sprach Rabbi Baruch, »wenn du umkehrst; jenseits der letzten Pforte stehst du dann, und stehst im Glauben.«

MARTIN BUBER

Ich denke, wir sollten Gott, auch das Wort Gott, eine Weile in Ruhe lassen; Gott hat viel und viele »Worte gemacht«, nehmen wir also erst einmal seine Wörtlichkeit; es war eine grausame Verstümmelung Gottes, seine dunkle Wörtlichkeit mundgerecht zu machen, zu fix und fertigen Antworten zurechtzuschneidern, mit denen alle Probleme gelöst werden konnten; auf diese Weise ist er zu einem »Deus ex machina« erniedrigt worden, der hinter der Kulisse des Todes dann schon »alles recht« machen wird; ein Katechismus-Gott, mit dem die Menschen abgefertigt wurden wie an einem Krankenkassenschalter. Daß er lebendig und gegenwärtig sei, schließt Fertigkeit aus; nichts, was lebt, ist fertig ...

Gott *fehlt etwas*, solange den Menschen etwas fehlt: das Menschgewordene, das man vielleicht an Stelle des Wortes »christlich« einsetzen sollte; vielleicht sollten wir mehr an die Ergänzung Gottes als an ihn selbst denken. Offenbar hatte er mit der Erde etwas vor, das bisher mißlungen ist: Logos hineinzubringen, das ist einer der Namen Gottes. Es gibt da noch andere Synonyma: Liebe, Gerechtigkeit, Worte, die ebenso zerstückelt als mundgerechte Abfertigungs-Bissen vorgekaut und hingestreut worden sind zur Abfütterung der erwartungsvoll geöffneten Münder unzähliger Geschlechter. Was man die »Unruhe der Jugend« nennt, ist die Erwartung einer neuen Menschheit, die unabhängig ist von dem biologischen Begriff Jugend. Was lebt, ist jung, und was lebt, ist in Bewegung, ist in ständiger Unruhe.

... das Wort Gottes ist ein unerforschter Himmelskörper, der, wenn wir ihn entdecken würden, sich als sehr steinig erweisen könnte, weil er voll *abgelenkter* menschlicher Hoffnungen, mißbräuchlich verwendeter Abfertigungen läge, voller Flüche, die alle zu Steinen geworden sind, weil die Menschen nicht das geworden sind, was der Menschgewordene war: ein Mensch.

HEINRICH BÖLL

Im Grunde, ehrlich genommen, hoffe ich doch in allem auf Verwandlung, auf Flucht. Ich bin ganz einfach nicht bereit, ein nichtiger Mensch zu sein. Ich hoffe eigentlich nur, daß Gott (wenn ich ihm entgegenkomme) mich zu einer anderen, nämlich zu einer reicheren, tieferen, wertvolleren, bedeutenderen Persönlichkeit machen werde – und genau das ist es vermutlich, was Gott hindert, mir gegenüber wirklich eine Existenz anzutreten, das heißt erfahrbar zu werden. Meine conditio sine qua non: daß er mich, sein Geschöpf, widerrufe …

Wenn ich beten könnte, so würde ich darum beten müssen, daß ich aller Hoffnung, mir zu entgehen, beraubt werde. Gelegentliche Versuche, zu beten, scheitern aber gerade daran, daß ich hoffe, durch Beten irgendwie verwandelt zu werden, meiner Ohnmacht zu entgehen, und sowie ich erfahre, daß dies nicht der Fall ist, verliere ich die Hoffnung, auf dem Weg zu sein. Das heißt, unter Weg verstehe ich letztlich noch immer nur die Hoffnung, mir zu entgehen. Diese Hoffnung ist mein Gefängnis. Ich weiß es, doch mein Wissen sprengt es nicht, es zeigt mir bloß mein Gefängnis, meine Ohnmacht, meine Nichtigkeit.

MAX FRISCH

*Gebet*

Ich suche allerlanden eine Stadt,
Die einen Engel vor der Pforte hat.
Ich trage seinen großen Flügel
Gebrochen schwer am Schulterblatt
Und in der Stirne seinen Stern als Siegel.

Und wandle immer in die Nacht …
Ich habe Liebe in die Welt gebracht –
Daß blau zu blühen jedes Herz vermag,
Und hab ein Leben müde mich gewacht,
In Gott gehüllt den dunklen Atemschlag.

O Gott, schließ um mich deinen Mantel fest;
Ich weiß, ich bin im Kugelglas der Rest,
Und wenn der letzte Mensch die Welt vergießt,
Du mich nicht wieder aus der Allmacht läßt
Und sich ein neuer Erdball um mich schließt.

ELSE LASKER-SCHÜLER

In Dir, Herr, liegt der Grund, daß Dich zu loben Freude ist. Denn geschaffen hast Du uns auf Dich hin, und ruhelos ist unser Herz, bis es seine Ruhe findet in Dir.

AURELIUS AUGUSTINUS

Weil Gott nicht Objekt sein kann für den Menschen, da Gott das Subjekt ist, eben darum erweist auch das Umgekehrte sich absolut: wenn einer Gott leugnet, so tut er Gott keinen Schaden, sondern vernichtet sich selbst; wenn einer Gott spottet – so spottet er seiner selbst.

SØREN KIERKEGAARD

Laß die heilgen Parabolen,
Laß die frommen Hypothesen –
Suche die verdammten Fragen
Ohne Umschweif uns zu lösen.

Warum schleppt sich blutend, elend,
Unter Kreuzlast der Gerechte,
Während glücklich als ein Sieger
Trabt auf hohem Roß der Schlechte?

Woran liegt die Schuld? Ist etwa
Unser Herr nicht ganz allmächtig?
Oder treibt er selbst den Unfug?
Ach, das wäre niederträchtig.

Also fragen wir beständig,
Bis man uns mit einer Handvoll
Erde endlich stopft die Mäuler –
Aber ist das eine Antwort?

HEINRICH HEINE

VOIGT Und det Janze? Det Janze, Friedrich, für wem is det? Wat steht hinter, Friedrich, 'n Gott oder 'n Teufel?! Nee, mir hamse zu lang jepufft, mir hamse nu wachjekriegt, da jibt's keen Pennen mehr, ick will det nu janz jenau wissen!!

HOPRECHT Ick sag dir zum letztenmal: reinfügen mußte dich! Nich mängeln gegen! Und wenn's dich zerrädert – denn mußte det Maul halten, denn jehörste doch noch zu, denn biste ‚n Opfer! Und det is ‚n Opfer wert!! Mehr kann ick nich sagen, Mensch! Haste denn keine innere Stimme, Willem? Wo sitzt denn bei dir det Pflichtgefühl?!

VOIGT Vorhin – aufn Friedhof – wie de Brockn aufn Sarch runterjekullert sind – da hab ick's jehört – da war se janz laut, war se –

HOPRECHT Wer? Was haste jehört?

VOIGT De innere Stimme. Da hatse jesprochen, du, und da is alles totenstill jeworden in de Welt, und da hab ick's vernommen: Mensch, hatse jesagt – einmal kneift jeder ‚n Arsch zu, du auch, hatse jesagt. Und denn, denn stehste vor Gott dem Vater, stehste, der aliens jeweckt hat, vor dem stehste denn, und der fragt dir ins Jesichte: Willem Voigt, wat haste jemacht mit dein Leben? Und da muß ick sagen – Fußmatte, muß ick sagen. Die hab ick jeflochten im Jefängnis, und denn sind se alle druff rumjetrampelt, muß ick sagen. Und zum Schluß haste jeröchelt und jewürcht, um det bißchen Luft, und denn war's aus. Det sagste vor Gott, Mensch. Aber der sagt zu dir: Jeh wech! sagt er!

Ausweisung! sagt er! Dafür hab ick dir det Leben nich jeschenkt, sagt er! Det biste mir schuldig! Wo is et? Wat haste mit jemacht?! *Ganz ruhig* Und denn, Friedrich – und denn is et wieder nischt mit de Aufenthaltserlaubnis.
HOPRECHT Willem – du pochst an de Weltordnung – dat is ne Versündigung, Willem! Det änderste nich, Willem! Det änderste doch nich!!
VOIGT Det will ick auch nich. Det will ick nich, Friedrich. Det könnt ick ja nich, da bin ick viel zu alleine für … Aber so knickerich, verstehste, möcht ick mal nich vor mein Schöpfer stehn. Ick will ihm nichts schuldig bleiben, verstehste? Ick wer noch was machen mit.
HOPRECHT Du pochst an de Weltordnung, Willem. VOIGT Ausjeschlossen. Det wär ne Dummheit, det mach ick nich. Nee, Friedrich, da mach dir man keene Sorjn. Ick wer mir nur mal 'n bißken ranhalten, wer ick. Was die andern können, det kann ick noch lange.
*Lacht*
HOPRECHT Willem, wat haste denn vor? Wat willste denn anfangen, Mensch! Sprich dich doch aus, Willem – also ich hab dich gewarnt!!

CARL ZUCKMAYER

Iwan schwieg über eine Minute lang, sein Gesicht wurde plötzlich sehr kummervoll.

»Hör mich an: Ich nahm meine Beispiele aus der Kinderwelt, damit der Zusammenhang klarer zutage trete. Von den übrigen Menschentränen, von denen die ganze Erde durchtränkt ist, von ihrer Rinde bis zu ihrem Mittelpunkt, will ich schon kein Wort sagen, ich habe absichtlich mein Thema beschränkt. Ich bin ja nur eine Wanze und bekenne mit aller Demut, daß ich durchaus nicht begreifen kann, weshalb das alles so eingerichtet wurde. Die Menschen sind demnach selber schuld daran: ihnen wurde das Paradies geschenkt, sie aber wollten Freiheit und stahlen das Feuer vom Himmel und wußten dabei doch selber, daß sie unglücklich sein werden; es lohnt demnach nicht, mit ihnen Mitleid zu haben. Oh, nach meinem, nach meinem erbärmlichen irdischen euklidischen Verstand weiß ich nur das eine, daß gelitten wird, daß es keine Schuldigen gibt, daß alles zusammenhängt: eines aus dem anderen, direkt und unmittelbar hervorgeht, daß alles fließt, und alles sich ausgleicht – das ist aber nur euklidischer Unsinn, ich weiß es wohl, und natürlich werde ich nicht behaupten, daß man auf dieser Erkenntnis sein Leben gründen kann! Was habe ich denn davon, daß es keine Schuldigen gibt, daß alles zusammenhängt, daß unmittelbar und in einfachster Weise eines aus dem anderen hervorgeht, und daß ich das weiß; ich bedarf der Vergeltung, der Vergeltung, sonst zerstöre ich mich ja selber! Und Vergeltung will ich nicht in der Unendlichkeit, irgendwo und irgendwann, vielmehr hier schon auf der

Erde, und ich will sie selber erschauen! Ich war stets gläubig, ich will aber auch selber sehen; wenn ich aber zu dieser Stunde schon tot sein werde, dann soll man mich auferwecken, denn, wenn alles ohne mich vor sich gehen wird, so wird das schon allzu beleidigend für mich sein! Nicht dafür habe ich ja gelitten, um durch mich selber, durch meine Untaten und Leiden, irgendwann die zukünftige Harmonie gleichsam zu ›düngen‹. Ich will mit meinen eigenen Augen sehen, wie die Hirschkuh sich neben den Löwen legt, und wie der Ermordete aufersteht und den umarmt hält, der ihm den Tod gab. Ich will dabei sein, wenn alle plötzlich erkennen, weshalb das alles so war. Auf diesem Verlangen gründen sich alle Religionen auf der Erde, und auch ich bin ja gläubig! Aber siehst du, da bleiben ja die Kinderchen! Was werde ich denn dann mit ihnen machen? Das ist eine Frage, die ich nicht zu lösen vermag. Zum hundertsten Male wiederhole ich es: der Fragen sind viele, ich aber nahm mir die Kinder, weil dort das unabweisbar klar ist, was ich zu sagen habe. Höre denn: Wenn alle leiden müssen, um durch Leiden ewige Harmonie zu erkaufen, was haben dann die Kinder damit zu schaffen? Sage es mir, bitte! Es ist ja durchaus unverständlich, wofür auch sie zu leiden hätten, und weshalb sie durch Leiden die Harmonie erkaufen mußten. Wofür sind denn auch sie unter das Material geraten, mit dem man für irgendwen eine zukünftige Harmonie ›düngt‹? Daß unter den Menschen gegenseitiges Verpflichtetsein in der Sünde herrscht, verstehe ich, ich verstehe der Menschen Solidarität auch in der Vergeltung; aber die Kinderchen sind doch nicht eingeschlossen in die Solidarität in der Sünde! Und wenn die Wahrheit tatsächlich darin liegen sollte, daß auch sie solidarisch sind mit ihren Vätern in allen deren Übeltaten, so ist natürlich schon diese Wahrheit nicht von dieser Welt und mir unverständlich! Dieser oder jener Spaßvogel wird freilich sagen, das sei einerlei: das Kind werde ja heranwachsen und schon die Kunst, zu sündigen, erlernen. Aber es ist ja gar nicht herangewachsen! Man hat es ja mit acht Jahren mit Hunden zu Tode gehetzt! Oh, Aljoscha, ich spreche keine Gotteslästerung aus! Ich verstehe ja durchaus, wie gewaltig die Erschütterung der ganzen von Menschen bewohnten Erde sein wird, wenn einst alles im Himmel und unter der Erde zusammenfließen wird in eine Lobeshymne und alles, was lebt und gelebt hat, ausrufen wird: ›Gerecht bist du, Herr, denn es offenbarten sich deine Wege!‹ Wenn schon die Mutter sich mit dem Wüterich umarmen wird, der ihren Sohn von Hunden zerreißen ließ, und alle drei mit Tränen ausrufen werden: ›Gerecht bist du, Herr!‹, dann wird schon natürlich die Erfüllung der Erkenntnis anbrechen, und alles wird dann seine Aufklärung finden. Nun, da ist aber auch das Komma; gerade damit kann ich ja nicht einverstanden sein! Und solange ich noch auf Erden bin, beeile ich mich, meine Maßregeln zu ergreifen. Siehst du wohl, Aljoscha, es kann ja sein, und tatsächlich wird es sich wohl so ereignen, daß, wenn ich selber bis zu diesem Augenblick leben werde oder auferstehen werde, um ihn zu erschauen, daß dann auch ich selber gar am Ende noch mit allen anderen ausrufen werde, wenn ich auf die Mutter hinschaue, wie die den Folterer ihres Kindchens umschlungen hält: ›Gerecht bist du, Herr!‹ Ich will aber gar nicht, daß ich dann so ausrufe. Solange es noch an der Zeit ist, beeile ich mich, mich dagegen zu wehren, und deshalb sage ich mich auch völlig los von der höchsten Harmonie. Sie lohnt gar nicht das Tränchen, sei es auch nur eines einzigen gemarterten Kindchens, das sich mit seinen kleinen Fäustchen an die Brust schlug in seiner übelriechenden Höhle, und mit seinen ungesühnten Tränchen zu dem lieben Gott betete! Die Harmonie ist das nicht wert, weil eben diese Tränchen ungesühnt blieben. Sie müssen aber gesühnt werden, sonst kann es auch gar keine Harmonie geben. Wodurch aber, wodurch wirst du sie sühnen? Ist das denn überhaupt möglich? Doch nicht etwa dadurch, daß sie gerächt sein werden? Wozu soll mir denn ihr Gerächtwerden, wozu soll mir die Hölle für ihre Peiniger dienen? Was kann da die Hölle wiedergutmachen, wenn jene schon zu Tode gequält wurden? Und was ist denn das auch für eine Harmonie, wenn es eine Hölle gibt? Ich will verzeihen und umarmen, ich will gar nicht, daß noch weiter gelitten werde. Und wenn die Leiden der Kinder nötig waren, um jene Leidenssumme zu erfüllen, die unumgänglich ist, um die Wahrheit zu erkaufen, so behaupte ich schon im voraus, daß die ganze Wahrheit dann gar nicht wert ist eines solchen Kampfpreises! Schließlich will ich auch gar nicht, daß die Mutter den Folterer umarme, der ihren Sohn von Hunden zerreißen ließ! Sie soll gar nicht wagen, ihm zu verzeihen! Wenn sie es aber wünscht, so möge sie für ihre Person verzeihen, so möge sie dem Folterer das maßlose Leiden verzeihen, das ihr als Mutter durch ihn wurde, aber die Leiden ihres von Hunden zerrissenen Kindchens hat sie gar kein Recht zu verzeihen; sie darf es auch gar nicht, dies dem Folterknecht verzeihen, wenn sogar das Kind selber ihm verzeihen würde. Wenn dem aber so ist, wenn sie nicht wagen darf zu verzeihen, wo ist dann die Harmonie? Lebt wohl auf der ganzen Welt ein Wesen, das verzeihen könnte und ein Recht dazu habe? Ich aber will gar keine Harmonie, aus Liebe zur Menschheit will ich sie nicht. Ich will lieber verharren bei ungesühntem Leiden! Da werde ich dann besser schon ausharren mit einem ungerächten Leiden und meinem unbeschwichtigten Unwillen, *wenn ich auch unrecht hätte*. Ja, und überhaupt hat man die Harmonie viel zu hoch bewertet, es ist überhaupt nicht unseren Vermögensverhältnissen angemessen, so viel für das Eintrittsbillett zu ihr zu zahlen. Deshalb beeile ich mich auch, mein Eintrittsbillett zurückzugeben. Und wenn ich auch nur eben ein anständiger Mensch bin, so bin ich sogar verpflichtet, es so rasch wie möglich zurückzugeben. Das tue ich denn auch. Nicht daß ich Gott meine Anerkennung verweigere, ich gebe ›Ihm‹ nur in aller Ehrerbietung mein Eintrittsbillett zurück.«

»Das ist Auflehnung«, sprach leise und gesenkten Hauptes Aljoscha.

FEDOR M. DOSTOJEWSKI

nur mich ja allein ja mit meiner Stimme ja meinem Murmeln ja wenn es aufhört zu keuchen ja das alles stimmt ja keuchend ja immer lauter keine Antwort IMMER LAUTER ja platt auf dem Bauch ja im Dreck ja im Dunkel ja da nichts zu berichten nein die Arme wie ein Kreuz keine Antwort DIE ARME WIE EIN KREUZ keine Antwort JA ODER NEIN ja

SAMUEL BECKETT

Aber ich, war ich allmächtig, sehen Sie, wenn ich so wäre, ich könnte das Leiden nicht ertragen, ich würde retten, retten.

GEORG BÜCHNER

## Woran Gott stirbt

Die Geschichte selber operiert auch weiterhin christlich. Lenz ist jetzt der Gepeinigte, der Abgefallene, der Verdammte, für den rundum therapeutisch gebetet wird: Wahnsinn und Verdammnis sind da eins. Er ist der auf sich selbst losgelassene Satan, der sich mit seinen Vorstellungen foltern muss. In dieser christlich operierenden Geschichte entsteht dann die reinste Büchnerstimmung: jene vollkommene Empfindlichkeit, die in allem, was Raum und Zeit noch bieten, nichts als Leere schmeckt. Lenz klagt jetzt, wie schwer alles sei. »Er glaube gar nicht, dass er gehen könne; jetzt endlich empfinde er die ungeheure Schwere der Luft.« In dieser Satzfügung klingt schon mit, dass man diesen entsetzlichen Zustand auch als Errungenschaft sehen darf. Schließlich ist das die Empfindlichkeit, die allein fähig macht, unsere Lage richtig auszudrücken, »Er hatte nichts«, heißt es. Er ist also geliefert, Komplett. Schutzlos, haltlos, interesselos. Daher die dann überall grassierende Langeweile. Alles wird zur Qual. Der nicht mehr vorhandene Gott macht einen solchen Lärm, dass es nicht auszuhalten ist. »Hören Sie denn nicht die entsetzliche Stimme, die um den ganzen Horizont schreit und die man gewöhnlich die Stille heißt?« Der Büchner-Horror.

Büchner hat nicht gesagt: Gott ist tot; er teilt uns mit, woran Gott stirbt. Jeder Gott. Er stirbt daran, dass er nicht hilft. Im »Danton«: »Warum leide ich? Das ist der Fels des Atheismus. Das leiseste Zucken des Schmerzes und rege es sich nur in einem Atom, macht einen Riss in die Schöpfung von oben bis unten.« Als Oberlin zu Lenz von Gott spricht, sieht ihn Lenz »mit einem Ausdruck unendlichen Leidens an und sagt endlich: Aber ich, wär' ich allmächtig, sehen Sie, wenn ich so wäre, ich könnte das Leiden nicht ertragen, ich würde retten, retten …«. Daran stirbt ihm sein Gott, dass er den Menschen nicht helfen kann. Büchner kann Menschen nicht leiden sehen, das ist alles. Ein Gott, der nicht hilft, ist keiner. Aber wenn dann keiner ist, schießt eben aus allem, was Zeit und Raum servieren, dieser Leere-Schrecken heraus. Und in einer Welt, aus der die Dimension gerade verschwunden ist, schnurrt dieses Ich, das gerade noch phantastisch aufgelegt schien, zu einem trockenen, einsamen, schmerzhaften Punkt zusammen.

MARTIN WALSER

Nach dem Bild, das man mir vom höchsten Wesen macht, von seiner Neigung zum Zorn, der Unerbittlichkeit seiner Rache, vom Verhältnis der großen Zahl derer, die er untergehen läßt, zu den wenigen, denen er eine rettende Hand entgegenzustrecken geruht, müßte auch die gerechteste Seele versucht sein zu wünschen, daß es nicht existiert.

DENIS DIDEROT

»Kunst, Wissenschaft – euer Glück kommt euch recht teuer zu stehen«, bemerkte der Wilde, als er und Mustafa Mannesmann allein zurückgeblieben waren. »Was noch habt ihr geopfert?«

»Nun, Religion natürlich«, antwortete der Aufsichtsrat. »Vor dem Neunjährigen Krieg gab es einen sogenannten Gott. Aber ich vergaß, daß Sie wahrscheinlich über Gott genau Bescheid wissen.«

»Nun ja …«. Der Wilde zögerte. Er hätte gern etwas über Nacht und Einsamkeit gesagt, über die Mesa im bleichen Mondlicht, die Felsabstürze, das Untertauchen in die Schatten der Tiefe und über den Tod. Er hätte es gern gesagt, aber es gab keine Worte dafür. Nicht einmal bei Shakespeare.

Unterdessen hatte der Aufsichtsrat das Zimmer durchquert und öffnete nun einen Stahlschrank in der Wand zwischen den Bücherregalen. Die schwere Tür ging auf.

Er rumorte im dunklen Innern des Tresors und sagte dabei: »Dieses Thema hat mich schon immer sehr interessiert.« Dann zog er einen dicken schwarzen Band hervor. »Das, zum Beispiel, haben Sie wohl nie gelesen?«

Der Wilde nahm das Buch. »Die Heilige Schrift, enthaltend die Bücher des Alten und Neuen Testaments«, las er laut. »Oder dieses?« Ein Büchlein, dessen Einband fehlte.

»Von der Nachfolge Christi.«

»Und auch dieses nicht?« Er reichte ihm noch ein Buch. »Über die verschiedenen Arten religiösen Erlebens. Von William James.«

»Ich habe noch eine Menge«, fuhr Mustafa Mannesmann fort und setzte sich wieder. »Eine ganze Sammlung solch verbotener alter Bücher. Gott im Giftschrank und Ford auf den Regalen.« Lachend wies er auf seine für alle Augen offen dastehende Bibliothek, die Bücherregale, die Gestelle voll Lesemaschinenspulen und Tonbandrollen.

»Aber wenn Sie etwas von Gott wissen, warum sagen Sie es nicht den Menschen?« fragte der Wilde empört. »Warum geben Sie ihnen nicht diese Bücher über Gott?«

»Aus dem gleichen Grund, warum wir ihnen nicht ›Othello‹ geben. Weil sie alt sind. Sie handeln davon, wie Gott vor Hunderten von Jahren war, nicht, wie er heute ist.«

»Gott ändert sich doch nicht.«

»Aber die Menschheit.«

»Macht das einen Unterschied?« ...

Mustafa Mannesmann schloß das Buch und lehnte sich in seinen Stuhl zurück. »Eines von den vielen Dingen im Himmel und auf Erden, wovon sich jene Philosophen nichts träumen ließen, ist dies – « er machte eine umfassende Handbewegung, » – wir, die moderne Welt. ›Man kann von Gott nur unabhängig sein, solange man sich der Jugend und des Wohlergehens erfreut; Unabhängigkeit geleitet den Menschen nicht heil bis ans Ende.‹ Nun, und jetzt haben wir Jugend und Wohlergehen bis zum allerletzten Augenblick. Was folgt daraus? Offenbar, daß wir von Gott unabhängig sein können. ›Das religiöse Gefühl entschädigt uns für alle Verluste.‹ Wir aber erleiden keine Verluste, für die wir entschädigt werden müßten; demnach ist das religiöse Gefühl überflüssig. Und wozu sollten wir einem Ersatz für jugendliche Triebe nachjagen, wenn der jugendliche Trieb nimmer aufhört? Einem Ersatz für Zerstreuungen, wenn wir uns bis ganz zuletzt an den alten Narreteien erfreuen? Wozu brauchen wir Ruhe, wenn unser Geist und Körper weiter in Tatkraft schwelgen? Wozu Trost, wenn wir Soma haben? Wozu etwas Bleibendes, wenn es die Gesellschaftsordnung gibt?«

»Sie glauben also, daß es keinen Gott gibt?«

»Im Gegenteil, höchstwahrscheinlich gibt es einen.«

»Also warum –?«

Der Aufsichtsrat winkte ab. »Er offenbart sich eben verschiedenen Menschen auf verschiedene Weise. In vormodernen Zeiten offenbarte er sich als das Wesen, das in diesen Büchern beschrieben wird. Heute – «

»Wie offenbart er sich heute?« fragte der Wilde.

»Durch Abwesenheit. Als gäbe es ihn nicht.«

»Das ist eure Schuld.«

»Nennen Sie es die Schuld der Zivilisation. Gott ist unvereinbar mit Maschinen, medizinischer Wissenschaft und allgemeinem Glück. Man muß wählen. Unsere Zivilisation hat Maschinen, Medizin und Glück gewählt. Darum muß ich diese Bücher in einem Stahlschrank verschlossen halten. Sie sind Schmutz und Schund. Die Leute wären empört, wenn – «

Der Wilde unterbrach ihn. »Aber ist es denn nicht natürlich, zu fühlen, daß es einen Gott gibt?«

»Ebensogut könnten Sie fragen, ob es natürlich sei, die Hosen mit Zippverschluß zu schließen«, sagte der WAR ironisch ...

»Wenn ihr euch an Gott denken ließet, ließet ihr euch nicht durch angenehme Laster erniedrigen. Ihr hättet Grund, alles geduldig zu ertragen und mutige Taten zu vollbringen. Ich habe es bei den Indianern gesehen.«

»Das kann ich mir denken«, sagte der Aufsichtsrat. »Aber wir sind keine Indianer. Für einen zivilisierten Menschen besteht nicht der geringste Grund, irgend etwas ernstlich Unangenehmes zu erdulden. Und mutige Taten – Ford verhüte, daß ihm ein solcher Gedanke in den Sinn kommt! Es würfe die ganze Gesellschaftsordnung über den Haufen, wenn die Menschen auf eigene Faust zu handeln begännen.«

»Und wie steht es mit der Selbstverleugnung? Wenn ihr einen Gott hättet, wäre das für euch ein Grund zur Selbstverleugnung.«

»Industrielle Zivilisation ist nur ohne Selbstverleugnung möglich. Selbstbefriedigung bis an die äußersten Grenzen, die Volksgesundheit und Volkswirtschaft gesetzt sind. Sonst stehen die Räder still.«

»Ihr hättet Grund zur Keuschheit!« fuhr der Wilde fort und errötete ein wenig bei diesem Wort.

»Keuschheit bedeutet Leidenschaft. Keuschheit bedeutet Neurasthenie. Und Leidenschaft und Neurasthenie bedeuten Unbeständigkeit. Unbeständigkeit aber bedeutet das Ende der Zivilisation. Keine dauerhafte Zivilisation ohne eine Menge angenehmer Lüste.«

»Gott ist der Grund alles Edlen und Erhabenen und Heroischen. Wenn ihr einen Gott hättet – «

»Mein lieber junger Freund«, sagte Mustafa Mannesmann, »die Zivilisation hat nicht den geringsten Bedarf an Edelmut oder Heldentum. Derlei Dinge sind Merkmale politischer Untüchtigkeit. In einer wohlgeordneten Gesellschaft wie der unseren findet niemand Gelegenheit zu Edelmut und Heldentum. Solche Gelegenheiten ergeben sich nur in ganz ungefestigten Verhältnissen. Wo es Kriege gibt, Gewissenskonflikte, Versuchungen, denen man widerstehen, und Liebe, die man erkämpfen oder verteidigen muß – dort haben Heldentum und Edelmut selbstverständlich einen gewissen Sinn. Aber heutzutage gibt es keine Kriege mehr. Mit größter Sorgfalt verhindern wir, daß ein Mensch den anderen zu sehr liebt. Und so etwas wie Gewissenskonflikte gibt es auch nicht: Man wird so genormt, daß man nichts anderes tun kann, als was man tun soll. Und was man tun soll, ist im allgemeinen so angenehm und gewährt den natürlichen Trieben so viel Spielraum, daß es auch keine Versuchungen mehr gibt. Sollte sich durch einen unglücklichen Zufall wirklich einmal etwas Unangenehmes ereignen, nun denn, dann gibt es Soma, um sich von der Wirklichkeit zu beurlauben. Immer ist Soma zur Hand, um Ärger zu besänftigen, einen mit seinen Feinden zu versöhnen, Geduld und Langmut zu verleihen. Früher konnte man das alles nur durch große Willensanstrengung und nach jahrelanger harter Charakterbildung erreichen. Heute schluckt man zwei, drei Halbgrammtabletten, und damit gut! Jeder kann heutzutage tugendhaft sein. Man kann mindestens sein halbes Ethos in einem Fläschchen bei sich tragen. Christentum ohne Tränen – das ist Soma.« ...

»Was euch nottut«, sagte der Wilde, »ist etwas mit Tränen. Zur Abwechslung. Bei euch kostet nichts genug.«

(»Zwölfeinhalb Millionen Dollar«, hatte Henry Päppler eingewandt, als ihm der Wilde gelegentlich dasselbe gesagt hatte, »zwölfeinhalb Millionen Dollar hat die neue Normzentrale gekostet, nicht einen Cent weniger.«)

»›Und gebt eu'r sterblich und verletzbar Teil dem Glück, dem Tode, den Gefahren preis für eine Nußschal'.‹ Ist da nicht etwas Wahres dran?« fragte er mit einem Blick zu Mustafa Mannesmann. »Von Gott gar nicht zu reden, obwohl Gott natürlich ein Grund wäre. Läßt sich nicht manches zugunsten eines Lebens der Gefahr sagen?«

»Sehr viel sogar«, antwortete der Aufsichtsrat. »Männer ebenso wie Frauen müssen von Zeit zu Zeit ihre Adrenalindrüsen stimulieren lassen.«

»Was«? fragte der Wilde verständnislos.

»Es ist eine der Voraussetzungen für vollkommene Gesundheit. Darum haben wir den TLE-Behandlungszwang.«

»TLE?«

»Tolle-Leidenschaft-Ersatz. Regelmäßig einmal im Monat. Der ganze Organismus wird mit Adrenalin durchflutet. Es ist ein hundertprozentiges physiologisches Äquivalent für Angst und Wut. Erzielt genau die gleichen tonischen Wirkungen, wie Desdemona zu erwürgen oder von Othello erwürgt zu werden – ohne die Unannehmlichkeiten.«

»Aber ich liebe die Unannehmlichkeiten.«

»Wir nicht!« versetzte der Aufsichtsrat. »Uns sind die Bequemlichkeiten lieber.«

»Ich brauche keine Bequemlichkeiten. Ich will Gott, ich will Poesie, ich will wirkliche Gefahren und Freiheit und Tugend. Ich will Sünde.«

ALDOUS HUXLEY

## AN DER GRENZE DES LEBENS

*Chor der Steine*

Wir Steine
Wenn einer uns hebt
Hebt er Urzeiten empor –
Wenn einer uns hebt
Hebt er den Garten Eden empor –
Wenn einer uns hebt
Hebt er Adam und Evas Erkenntnis empor
Und der Schlange staubessende Verführung.

Wenn einer uns hebt
Hebt er Billionen Erinnerungen in seiner Hand
Die sich nicht auflösen im Blute
Wie der Abend.
Denn Gedenksteine sind wir
Alles Sterben umfassend.

Ein Ranzen voll gelebten Lebens sind wir.
Wer uns hebt, hebt die hartgewordenen Gräber
    der Erde.
Ihr Jakobshäupter,
Die Wurzeln der Träume halten wir versteckt
    für euch,

Lassen die luftigen Engelsleitern
Wie Ranken eines Windenbeetes sprießen.

Wenn einer uns anrührt
Rührt er eine Klagemauer an.
Wie der Diamant zerschneidet eure Klage
    unsere Härte
Bis sie zerfällt und weiches Herz wird –
Während ihr versteint.
Wenn einer uns anrührt
Rührt er die Wegscheiden der Mitternacht an
Klingend von Geburt und Tod.

Wenn einer uns wirft –
Wirft er den Garten Eden –
Den Wein der Sterne –
Die Augen der Liebenden und allen Verrat –

Wenn einer uns wirft im Zorne
So wirft er Äonen gebrochener Herzen
Und seidener Schmetterlinge.

Hütet euch, hütet euch
Zu werden im Zorne mit einem Stein –
Unser Gemisch ist ein vom Odem Durchblasenes.
Es erstarrte im Geheimnis
Aber kann erwachen an einem Kuß.

NELLY SACHS

Es waren nur Sekunden, die Ulrich vor dieser Kirche stand, aber sie wuchsen in die Tiefe und preßten sein Herz mit dem ganzen Urwiderstand, den man ursprünglich gegen diese zu Millionen Zentnern Stein verhärtete Welt, gegen diese erstarrte Mondlandschaft des Gefühls hat, in die man willenlos hineingesetzt wurde.

Es mag sein, daß es den meisten Menschen eine Annehmlichkeit und Unterstützung bedeutet, die Welt bis auf ein paar persönliche Kleinigkeiten fertig vorzufinden, und es soll in keiner Weise in Zweifel gezogen werden, daß das im ganzen Beharrende nicht nur konservativ, sondern auch das Fundament aller Fortschritte und Revolutionen ist ...

Im Grunde wissen in den Jahren der Lebensmitte wenig Menschen mehr, wie sie eigentlich zu sich selbst gekommen sind, zu ihren Vergnügungen, ihrer Weltanschauung, ihrer Frau, ihrem Charakter, Beruf und ihren Erfolgen, aber sie haben das Gefühl, daß sich nun nicht mehr viel ändern kann. Es ließ sich sogar behaupten, daß sie betrogen worden seien, denn man kann nirgends einen zureichenden Grund dafür entdecken, daß alles gerade so kam, wie es gekommen ist; es hätte auch anders kommen können; die Ereignisse sind ja zum wenigsten von ihnen selbst ausgegangen, meistens hingen sie von allerhand Umständen ab, von der Laune, dem Leben, dem Tod ganz anderer Menschen, und sind gleichsam bloß im gegebenen Zeitpunkt auf sie zugeeilt.

So lag in der Jugend das Leben noch wie ein unerschöpflicher Morgen vor ihnen, nach allen Seiten voll von

Möglichkeit und Nichts, und schon am Mittag ist mit einemmal etwas da, das beanspruchen darf, nun ihr Leben zu sein, und das ist im ganzen doch so überraschend, wie wenn eines Tages plötzlich ein Mensch dasitzt, mit dem man zwanzig Jahre korrespondiert hat, ohne ihn zu kennen, und man hat ihn sich ganz anders vorgestellt.

Noch viel sonderbarer aber ist es, daß die meisten Menschen das gar nicht bemerken; sie adoptieren den Mann, der zu ihnen gekommen ist, dessen Leben sich in sie eingelebt hat, seine Erlebnisse erscheinen ihnen jetzt als der Ausdruck ihrer Eigenschaften und sein Schicksal ihr Verdienst oder Unglück.

Es ist etwas mit ihnen umgegangen wie ein Fliegenpapier mit einer Fliege; es hat sie da an einem Härchen, dort in ihrer Bewegung festgehalten und hat sie allmählich eingewickelt, bis sie in einem dicken Überzug begraben liegen, der ihrer ursprünglichen Form nur ganz entfernt entspricht. ...

ROBERT MUSIL

*Sprich auch Du*

Sprich auch du,
sprich als letzter,
sag deinen Spruch.

Sprich –
Doch scheide das Nein nicht vom Ja.
Gib deinem Spruch auch den Sinn:
gib ihm den Schatten.

Gib ihm Schatten genug,
gib ihm so viel,
als du um dich verteilt weißt zwischen
Mittnacht und Mittag und Mittnacht.

Blicke umher:
sieh, wie's lebendig wird rings –
Beim Tode! Lebendig!
Wahr spricht, wer Schatten spricht.

Nun aber schrumpft der Ort, wo du stehst:
Wohin jetzt, Schattenentblößter, wohin?
Steige. Taste empor.
Dünner wirst du, unkenntlicher, feiner!
Feiner: ein Faden,
an dem er herabwill, der Stern:
um unten zu schwimmen, unten,
wo er sich schimmern sieht: in der Dünung
wandernder Worte.

PAUL CELAN

Als er aus dem Brunnen stieg, gerann ihm das Blut in den Adern. Er sah, daß eine Schlange das Lebenskraut auf dem Brunnenrand mit dem Maul ergriffen hatte und es gerade verschlang. Gilgamesch stürzte sich auf sie, ihr die Beute abzujagen, doch die Schlange entkam. Er verfolgte sie und gerade, als er die Hand ausstreckte, sie zu ergreifen, geschah etwas Seltsames. Die Schlange entwand sich ihrer Haut, schlüpfte verjüngt und glänzend aus dem alten Schlauch und verschwand. Gilgamesch hielt die leere Schlangenhaut in seiner Hand. Er schrie laut auf und stand dann wie versteinert in seinem Schmerz.

Als sich seine Erstarrung löste, vernahm er eine Stimme in seinem Herzen: »Gilgamesch, *das* Leben *das* Du suchst, das wirst Du nicht finden!« Und er begriff. Welches Leben hatte er gesucht? Die ewige Jugend hatte er gesucht, das Unveränderliche, Bleibende. Welch einen Weg war er dafür gegangen? Wie viele Wandlungen hatte er durchgemacht? Plötzlich erkannte er, daß er mehr war als die Schlange, daß die Verwandlung, die sich an ihm vollzogen hatte, nicht die äußere Hülle, sondern ihn selbst betraf, seine Seele, sein Wesen, das verwandelt doch er selbst blieb, und daß dies das eigentliche Leben war. Es erschien ihm nicht mehr erstrebenswert, immer gleich in ewiger Jugend dahinzuleben. Er begriff, daß so, wie er durch den Schlaf gegangen und verwandelt er selbst geblieben war, er auch durch den Tod gehen würde, verwandelt und doch er selbst in einer neuen Daseinsform. Er fürchtete den Tod nicht mehr und wußte nun auch, daß er dann mit seinem Freund Enkidu wieder vereint sein würde.

GILGAMESCH

Dein Leben wird in deinem Tod enden, nicht für dich; für dich endete es in deinem Leben.

ANTONIO PORCHIA

*Botschaft*

Aus der leichenwarmen Vorhalle des Himmels
    tritt die Sonne.
Es sind dort nicht die Unsterblichen,
sondern die Gefallenen, vernehmen wir.

Und Glanz kehrt sich nicht an Verwesung. Unsere
    Gottheit,
die Geschichte, hat uns ein Grab bestellt,
aus dem es keine Auferstehung gibt.

INGEBORG BACHMANN

»Es gibt, ihr Mönche, eine Stätte, wo es weder Erde noch Wasser noch Feuer noch Luft gibt. Es ist nicht die Stätte der Raumunendlichkeit noch die der Bewußtseinsunendlichkeit noch die des Nichtseins noch auch die Stätte, wo es weder ein Vorstellen noch ein Nichtvorstellen gibt. Es ist nicht diese Welt noch jene Welt, sei es der Mond oder die Sonne. Ich nenne es, ihr Mönche, weder ein Kommen noch ein Gehen noch ein Stehen, weder ein Vergehen noch ein Entstehen. Es ist ohne Stütze, ohne Anfang, ohne Grundlage – das eben ist das Ende des Leidens ... «.

»Bei dem, was von anderem abhängig ist, gibt es Bewegung, bei dem, was von nichts anderem abhängig ist, gibt es keine Bewegung, wo keine Bewegung ist, da ist Ruhe, wo Ruhe ist, da ist kein Verlangen, wo kein Verlangen ist, da gibt es kein Kommen und Gehen, wo es kein Kommen und Gehen gibt, da gibt es kein Sterben und Wiederentstehen, wo es kein Sterben und Wiederentstehen gibt, da gibt es weder ein Diesseits noch ein Jenseits noch ein Dazwischen – das eben ist das Ende des Leidens.«

UDANA VIII, 1-4

### Bruder Tod

Auch zu mir kommst du einmal,
Du vergißt mich nicht,
Und zu Ende ist die Qual,
Und die Kette bricht.

Noch erscheinst du fremd und fern,
Lieber Bruder Tod,
Stehest als ein kühler Stern
Über meiner Not.

Aber einmal wirst du nah
Und voll Flammen sein –
Komm, Geliebter, ich bin da,
Nimm mich, ich bin dein.

HERMANN HESSE

*Das ewige Sterben*

Yen-Hui fragte Kung-Fu-Tse: »Meister, gehst du im Schritt, gehe ich im Schritt. Gehst du im Trab, gehe ich im Trab. Gehst du im Galopp, gehe ich im Galopp. Aber jagst du aus den Schranken des Staubes, dann kann ich nur stehenbleiben und dir nachstarren. Wie geht das zu?«

»Erkläre, was du meinst«, sagte Kung-Fu-Tse.

»Ich meine«, fuhr Yen-Hui fort, »dieses: Wenn du redest, rede ich. Wenn du beweisest, beweise ich. Wenn du Tao predigst, predige ich Tao. Aber daß ich sage: ›Jagst du aus den Schranken des Staubes, dann kann ich nur stehenbleiben und dir nachstarren‹, damit meine ich: du redest nicht und alle glauben dir, du eiferst nicht und alle stimmen dir zu, du lockst nicht und alle sammeln sich um dich. Das ist es, was ich nicht verstehen kann.«

»Warum willst du dem nicht auf den Grund gehen?« sagte Kung-Fu-Tse. »Nichts ist so Kummers wert wie das Sterben des Geistes. Das Sterben des Leibes ist von weit geringerer Wichtigkeit.

Die Sonne geht im Osten auf und geht im Westen unter. Da ist kein Ding, das sich nicht nach ihr richtet; und alle, die Augen und Füße haben, hängen an ihr, um ihr Werk tun zu können. Wenn sie erscheint, ist das Leben erschienen; wenn sie schwindet, schwindet das Leben mit ihr.

Und jeder Mensch hat seinen Sonnegeist, an dem er hängt: wenn der geht, stirbt er, und er lebt auf, wenn er wiederkehrt. Schreite ich geistbegabter Körper aber ohne die ewige lebenerneuernde Wandlung dem Ende zu; überlasse ich mich für die Tage und die Nächte der ewigen Abnutzung wie ein bloßes Ding; bin ich des ewigen Sterbens nicht bewußt, bin ich trotz diesem geistbegabten Körper des einen nur bewußt, daß nichts mich vor dem Grabe retten kann – dann zehre ich das Leben auf, bis es im Tode also ist, als hätten du und ich ein einziges Mal Schulter an Schulter gelehnt, ehe wir für immer getrennt wurden! Ist das nicht Kummers wert?

Du aber richtest deinen Blick auf etwas in mir, das, wenn du blickst, schon hingeschwunden ist. Und dennoch suchst du es, als müsse es noch da sein – wie einer auf dem Markt verkaufte Pferde sucht. Sieh: was ich an dir bewundre, ist wandelbar. Was du an mir bewunderst, ist wandelbar. Warum dich grämen? Wenn auch mein Selbst in jedem Augenblicke stirbt, in der Wandlung bewährt sich das Ewige.«

TSCHUANG-TSE

Also müßt auch ihr, Richter, gute Hoffnung haben in Absicht des Todes und dies eine Richtige im Gemüt halten, daß es für den guten Mann kein Übel gibt weder im Leben noch im Tode, noch daß je von den Göttern seine Angelegenheiten vernachlässigt werden. Auch die meinigen haben jetzt nicht von ungefähr diesen Ausgang genommen: sondern mir ist deutlich, daß Sterben und aller Mühen entledigt werden nun das beste für mich war. Daher auch hat weder mich irgendwo das Zeichen gewarnt, noch auch bin ich gegen meine Verurteiler und gegen meine Ankläger irgend aufgebracht. Obgleich nicht in dieser Absicht sie mich verurteilt und angeklagt haben, sondern in der Meinung, mir Übles zuzufügen. Das verdient an ihnen getadelt zu werden. Soviel jedoch erbitte ich von ihnen: An meinen Söhnen, wenn sie erwachsen sind, nehmt eure Rache, ihr Männer, und quält sie ebenso, wie ich euch gequält habe, wenn euch dünkt, daß sie sich um Reichtum oder um sonst irgend etwas eher bemühen als um die Tugend; und wenn sie sich dünken, etwas zu sein, sind aber nichts: so verweist es ihnen wie ich euch, daß sie nicht sorgen, wofür sie sollten, und sich einbilden, etwas zu sein, da sie doch nichts wert sind. Und wenn ihr das tut, werde ich Billiges von euch erfahren haben, ich selbst und meine Söhne. Jedoch, es ist nun Zeit, daß wir gehen, ich, um zu sterben, und ihr, um zu leben. Wer aber von uns beiden zu dem besseren Geschäft hingehe, das ist allen verborgen außer nur Gott.

PLATON

*Auferstehung*

Manchmal stehen wir auf
Stehen wir zur Auferstehung auf
Mitten am Tage
Mit unserem lebendigen Haar
Mit unserer atmenden Haut.

Nur das Gewohnte ist um uns.
Keine Fata Morgana von Palmen
Mit weidenden Löwen
Und sanften Wölfen.

Die Weckuhren hören nicht auf zu ticken
Ihre Leuchtzeiger löschen nicht aus.

Und dennoch leicht
Und dennoch unverwundbar
Geordnet in geheimnisvolle Ordnung
Vorweggenommen in ein Haus aus Licht.

MARIE LUISE KASCHNITZ

Ein erstes Zeichen beginnender Erkenntnis ist der Wunsch zu sterben. Dieses Leben scheint unerträglich, ein anderes unerreichbar. Man schämt sich nicht mehr, sterben zu wollen; man bittet, aus der alten Zelle, die man haßt, in eine neue gebracht zu werden, die man erst hassen lernen wird. Ein Rest von Glauben wirkt dabei mit, während des Transportes werde zufällig der Herr durch den Gang kommen, den Gefangenen ansehen und sagen: »Diesen sollt ihr nicht wieder einsperren. Er kommt zu mir.«

FRANZ KAFKA

O Haupt voll Blut und Wunden,
   Voll Schmerz und voller Hohn!
O Haupt, zum Spott gebunden
   Mit einer Dornenkron!
O Haupt! sonst schön gezieret
   Mit höchster Ehr und Zier,
Itzt aber höchst schimpfieret,
   Gegrüßet seist du mir!

Ich danke dir von Herzen,
   O Jesu, liebster Freund,
Für deines Todes Schmerzen,
   Da du's so gut gemeint:
Ach gib, daß ich mich halte
   Zu dir und deiner Treu,
Und, wann ich nun erkalte,
   In dir mein Ende sei.

Wann ich einmal soll scheiden,
   So scheide nicht von mir!
Wann ich den Tod soll leiden,
   So tritt du dann herfür:
Wann mir am allerbängsten
   Wird um das Herze sein:
So reiß mich aus den Ängsten,
   Kraft deiner Angst und Pein.

PAUL GERHARDT

Du unser Vater, der im Himmel bist,
>   Allgegenwärtig, doch in Wohlgefallen
>   Ihm hold, der Deiner Schöpfung Erstling ist!
Geheiligt sei Dein Name und bei allen
>   Erschaffnen Deine Macht, daß Lob hienieden
>   Und Dank gebührend Deiner Huld erschallen.
Dein Reich, Herr, komme und mit ihm sein Frieden:
>   Kommts nicht zu uns, mit unsrer Macht allein
>   Zu ihm zu kommen, ist uns nicht beschieden.
Dein Wille, wie ihm Deiner Engel Reihn
>   Lobsingend dienen, also auch auf Erden
>   Laß ihm die Menschen ihren Willen weihn.
Laß unser täglich Manna heut uns werden
>   In dieser Wüstenei, da ohne Dich
>   Wir rückwärts gehn, so jach wir uns gebärden.
Und wie auch wir verzeihn, was freventlich
>   Uns kränkte, sieh nicht an, was uns gebührte,
>   Und unsre Schuld vergib uns gnädiglich.
Laß unsre Tugend nicht, die leicht verführte,
>   Versuchen mehr den alten bösen Feind,
>   Erlös uns von den Flammen, die er schürte!
Nicht für uns selbst ist, lieber Herr, gemeint,
>   Weil nicht mehr not uns, was zum Schluß wir bitten,
Nein, denen gilts, die noch der Tag bescheint.

DANTE ALIGHIERI

Mein Herz, mein Leben ist vollendet, und ich kann von mir sagen: er starb alt und lebenssatt. Das ändert nichts daran, daß ich gerne noch etwas leben möchte, daß ich Dich gerne noch ein Stück auf dieser Erde begleitete. Aber dann bedürfte es eines neuen Auftrages Gottes. Der Auftrag, für den Gott mich gemacht hat, ist erfüllt. Will er mir noch einen neuen Auftrag geben, so werden wir es erfahren. Darum strenge Dich ruhig an, mein Leben zu retten, falls ich den heutigen Tag überleben sollte. Vielleicht gibt es noch einen Auftrag.

HELMUT JAMES GRAF MOLTKE

Sie werden sein Angesicht schauen, und sein Name ist auf ihre Stirn geschrieben. Es wird keine Nacht mehr geben, und sie brauchen weder das Licht einer Lampe noch das Licht der Sonne. Denn der Herr, ihr Gott, wird über ihnen leuchten, und sie werden herrschen in alle Ewigkeit.

OFFENBARUNG 22, 4-5

*Das Wort »sein« bedeutet im
Deutschen beides:
Dasein und Ihmgehören.*

FRANZ KAFKA


*Der siebente Tag hat einen Morgen,
aber keinen Abend.*

THOMAS VON AQUIN


*Wovon man nicht sprechen kann,
darüber muß man schweigen.*

LUDWIG WITTGENSTEIN

## GOTT DENKEN? – EIN NACHWORT

Was meinen wir eigentlich, wenn wir »Gott« sagen? Zu den Urworten der Menschheit gehörig, ist das Wort »Gott« dem modernen Menschen fremd geworden. Die tradierten Antworten scheinen mit der Welt, zu der sie gehörten, untergegangen zu sein. Neue Antworten, die dem Wort für unsere Welt ein Sinn geben könnten, haben es schwer, sich einen Weg zu bahnen. Und doch bleibt das Wort eine Provokation. Wie eine Chiffre steht es für etwas, das sich nicht beiseite schieben lässt. Denn die Erwartung, dass die Frage nach Gott und das Interesse an Religion mit zunehmender Moderne verschwindet, hat sich nicht bestätigt. An ihre Stelle ist in den Ländern der westlichen Moderne ein neues Interesse am Phänomen der Religion erwacht, vielfach schweifend, thematisch heterogen und ohne recht Worte für das zu finden, was gesucht ist.

Was aber suchen wir eigentlich in der »Religion«? Und wer ist das überhaupt – »Gott«? Kann man »Gott« denken? Keiner der großen Denker der Moderne hat diese Frage so hartnäckig gestellt, wie *Ludwig Wittgenstein*. Auf der Suche nach den Grenzen unserer Sprache hat ihn das Phänomen der Religion in besonderer Weise beschäftigt. »Ich bin zwar kein religiöser Mensch«, so stellt er in einem Gespräch mit seinem Freund Maurice Drury fest, »aber ich kann nicht anders: ich sehe jedes Problem von einem religiösen Standpunkt.« Aber was heißt das, »jedes Problem von einem religiösen Standpunkt sehen«? Noch zu

Beginn seines Denkwegs hatte Wittgenstein gemeint: »Wovon man nicht sprechen kann, darüber muss man schweigen.« Und in der Tat scheint »Gott« ja etwas zu sein, das wir gar nicht benennen können, ohne es zu verfehlen. Was aber tun, wenn die Sprache, in der wir die Welt unserer Erfahrung beschreiben, da auf Grenzen stößt, wo wir über diese Welt hinaus denken wollen?

Angesichts der Erfahrung dieser Grenzen hat Wittgenstein einen Umweg gesucht, um mit der Frage weiter zu kommen, was es bedeutet, »jedes Problem von einem religiösen Standpunkt sehen«. Er hat die Romane und Erzählungen von Tolstoj und Dostojewski gelesen und zwei Werke studiert, die die Erfahrung der Religion empirisch in ihrer ganzen Breite beschreiben: James G. Frazer's *Der goldene Zweig. Das Geheimnis von Glauben und Sitten der Völker* (*The Golden Bough. A Study in Magic and Religion*) und William James' *Die Vielfalt religiöser Erfahrung* (*The Varieties of Religious Experience*). In der Literatur und in den Zeugnissen religiöser Erfahrung sah er den Leitfaden, um zu beschreiben, worin eigentlich »Religion« besteht und was wir meinen, wenn wir in solchem Zusammenhang »Gott« sagen.

Einen ähnlichen Weg möchte der vorliegende kleine Band nehmen, wenn er die Titelfrage mit einer Suche nach literarischen Spuren in Religion und Dichtung beantwortet. Gesammelt sind Texte, in denen sich so etwas wie eine Innenansicht im Umgang mit Religion spiegelt und die darum als eine Folie dienen können, wenn wir darüber nachdenken, was es mit der Religion auf sich hat und was wir eigentlich meinen, wenn wir »Gott« sagen.

Der Umkreis der ausgewählten Texte ist bewusst weit gezogen: Er umfasst religiöse Quellen, literarische Schlüsseltexte, Niederschläge persönlicher Erfahrung und auch Früchte systematischen Denkens. Trotz dieser Breite bleibt die getroffene Auswahl begrenzt und zwangsläufig subjektiv. Ihr Ziel ist nicht, das Denken über Gott anhand der großen Ansätze nachzuzeichnen oder gar zu belegen, sondern das eigene Nachdenken über »Gott« und »Religion« zu begleiten, anzuregen, vielleicht auch zu provozieren. Die Anordnung folgt einigen wenigen Stichworten, unter denen sich die Vielfalt der religiösen Erfahrung und ihre verschiedenen Intentionen zu zeigen vermögen.

*Suche nach dem Ursprung*

Es ist wohl die Frage nach dem »Anfang«, die der Suche nach »Gott« den Weg gebahnt hat: nach dem Anfang in der Zeit und dem Anfang aller Dinge. Die Erfahrung der verstreichenden Zeit und der eigenen Vergänglichkeit lässt das Fragen beginnen, das Leibniz auf die Formel gebracht hat: »Warum ist überhaupt etwas und nicht vielmehr nichts?« Und wenn es diesen Anfang, diese *arché* gibt, was ist er dann – Feuer oder Geist, Chaos oder Sinn oder vielleicht das unbegereifliche Ganze?

Ist es überhaupt das Denken, das diese Frage entstehen lässt oder sind es nicht vielmehr tiefere Dimensionen unseres Erlebens. *Mose* erlebt das ganz Andere Gottes mitten in der Wüste im Feuer eines nicht verglühen wollenden Dornbuschs. Und er nimmt dieses Andere als etwas wahr, das sich dem Menschen zuspricht. Doch erfährt er keinen Namen, mit dem sich das Göttliche zu erkennen gäbe und mit dem es sich beherrschen ließe. Stattdessen hört er die Formel, die erkennen lässt, dass dieses Andere nicht Chaos ist oder Bedrohung, nicht wortlose Ferne und unbegreifliche Zukunft, sondern Nähe und Zusage: *Ich-bin-der-für-euch-da-ist*. Fast unübersetzbar ist dieses Tetragramm von Buchstaben, aber dem Volk, dem Mose es weitergibt, wird es so kostbar, dass man es nicht auszusprechen, sondern nur zu umschreiben wagt.

Ganz anders erfährt *Gotama Buddha* dieses Andere. Die überwältigende Erfahrung des Leids führt ihn dazu, der Tiefe nachzugehen, in die das Leid führt und auf dem Grund dieser Tiefe zu erahnen, dass nicht Leid das letzte Wort ist, sondern dessen versöhnende Aufhebung und dass der, der den Weg in diese Tiefe versucht, die Versöhnung erhoffen darf.

Verheißung oder Aufhebung – ist Religion letzten Endes aber nicht doch eine Illusion, selbstheilende Erfindung, Verlängerung unserer Wünsche – wie schon der griechische Denker *Xenophanes* meint? Warum hat es überhaupt Religion mit Erzählung und Erfahrung zu tun? Ist das die Form, die Erkenntnis ermöglicht, oder verrät sie nur den erzählenden Menschen? »Jede Vorstellung von Gott ist menschlich« sagt *Henri de Lubac*, der große Theologe des 20. Jahrhunderts. Aber gerade das ist kein Gegenargument, so fährt er fort, denn »im Menschen selbst ist etwas über jede Vorstellung hinaus, das ihn Gott erkennen lässt. Der Mensch, so erläutern die Väter, ist nach dem Bild Gottes aus eben dem unbegreiflichen Grund seiner selbst unbegreiflich.«

Deshalb lässt sich auch die Wahrheit erahnen, die der Religion eigen ist. Sie bricht sich – so die frühe jüdische Fassung der späteren *Ringparabel Lessings* – in den verschiedenen Steinen. Doch weil sie *Wahrheit* ist, ist sie alles andere als beliebig, verweist sie doch auf den, der die Wahrheit selbst ist.

Gilt das aber auch in der Welt moderner Naturwissenschaft, in der – wie *Wolfgang Koeppens* Schnakenbach meint – »Gottes Austragsstüblein aufgehoben« ist oder eröffnet sich gerade erst in dieser Welt »das Erlebnis des Geheimnisvollen«, das *Albert Einstein* für den Ursprung der Religion hält und das jene allem vorausliegende »ursprünglich sinnhafte Einheit« erahnen lässt, von der der Theologe *Karl Rahner* spricht? Läßt sich das Wort »Gott« und der in diesem Wort ausgesprochene Glaube wirklich preisgeben?

### Erfahrungen des Göttlichen

Doch was erfährt man eigentlich, wenn man glaubt? Ist es etwas umstürzend Neues oder Erinnerung an etwas Uraltes? Ohne Zweifel geschieht die Entdeckung des Göttlichen auf höchst unterschiedliche Weise: Für *Martin Luther* bricht die Erfahrung des Göttlichen auf, als er entdeckt, dass es der Glaube an Gottes Zusage ist, der gerecht macht und nicht die eigene Leistung. *Blaise Pascal* wird von einer tiefen, nicht mehr weichenden Freude erfasst, als er an Stelle des Gottes »der Philosophen und Gelehrten« den »Gott Abrahams, Gott Isaaks, Gott Jakobs« entdeckt, der ihm als der »Gott Jesu Christi« begegnet. Auf *Paul Claudel* bricht die Erfahrung des Glaubens herein, als er hinter einer Säule von Notre Dame in Paris dem Weihnachtsgottesdienst beiwohnt. Und der junge *Friedrich Nietzsche* beschwört ihn als den »unbekannten Gott«.

Ganz anders ist es für *Immanuel Kant*, den die Unendlichkeit des Weltraums und die Stimme des moralischen Gesetzes in ihm selbst »mit immer neuer und zunehmender Bewunderung und Ehrfurcht« erfüllt. Für *Ludwig Wittgenstein* besteht der Glaube an einen Gott in der Überzeugung, dass das Leben einen Sinn hat, ohne dass wir sagen könnten, worin dieser Sinn besteht. Religion ist für ihn die unbenennbare Grunderfahrung jenseits der benennbaren Erfahrungen. Daher erstaunt es nicht, wenn *Tschuang-Tse* vom Tao als »der großen Versunkenheit« spricht und *Albertus Magnus* und *Thomas von Aquin* betonen, dass wir von Gott mehr wissen, was er nicht ist, als was er ist, oder wenn *Angelus Silesius* von dem »unerkannten Gott« redet, *Johannes Duns Scotus* ihn als das »unendliche Seiende« zu begreifen versucht und *Meister Eckhart* vermerkt, dass wir Gott erst finden, wenn wir alles andere verloren haben.

Gott unter seinem Gegenteil zu erfahren scheint geradezu der Weg des modernen Menschen zu sein. Nur ungläubig staunend nimmt *Boris Pasternaks* Lara wahr, dass sie gemeint sein könnte, als in der Kirche die Seligpreisung der Armen und Leidtragenden erklingt »Wir wissen ja nicht, was gilt« heißt es in *Paul Celans* Gedicht »Zürich. Zum Storchen«. Kann es dann verwundern, wenn *Paulus* »das Zeichen« Gottes allein im gekreuzigten Jesus sieht?

*Veränderung des Lebens*

»Wenn die Propheten einbrächen« – so beginnt das Gedicht von *Nelly Sachs* und es endet mit der Frage – »würdest du ein Herz zu vergeben haben?« Was würde sich verändern, wenn ich an einen Gott glaube – oder glaube ich schon – wie *Bertolt Brecht* meint – wenn sich mein Leben entsprechend verändert hat?

»Gott ist's, dass ein Sterblicher dem andern hilft« heißt es bei *Plinius*. Und ganz ähnlich wird das Leben aus dem Glauben beschrieben: von der Thora, den Propheten und den asiatischen Weisheitslehrern bis hin zu *Franz von Assisi* und den Bekenntnissen eines *Mahatma Gandhi* oder eines *Martin Luther King*.

Schon das bloße Leben enthält den Glauben. »Man kann doch nicht nicht-leben« meint *Franz Kafka*. Glaube erscheint in Form der Tröstung, wie sie *Dietrich Bonhoeffer* im Gefängnis erfährt, aber auch im Verzicht auf den Trost wie bei *Simone Weil*, in Form des Wartens wie bei *Franz Kafkas* Mann »vor dem Gesetz« oder im Modus der Verzweiflung wie bei *Uwe Johnsons* Jonas. Für *Hilde Domin* geschieht das

Wunder, »weil wir ohne die Gnade nicht leben können«. »Gott« – so meint *Botho Strauss* – »ist von allem, was wir sind, ...das offene Ende, durch das wir denken und atmen können.« Für *Ludwig Wittgenstein* erscheint der religiöse Denker wie ein Seiltänzer, der auf der bloßen Luft geht, auf einem Boden, wie er schmaler nicht gedacht werden kann – »und dennoch lässt sich auf ihm wirklich gehen«. »Ist die Erde mir Heimat«, fragt *Karl Rahner* in seinen »Worten ins Schweigen« »wenn nicht dein ferner Himmel über ihr steht?« »Gott hört mich in jedem Winkel der Welt« – so heißt es in einem frühen Gedicht *Thomas Bernhards*.

*Abwesenheit Gottes*

Die Erfahrung von Religion umfasst auch die Erfahrung der Abwesenheit Gottes. Nirgendwo wird dies eindrucksvoller beschrieben als in *Jean Pauls* »Rede des toten Christus vom Weltgebäude herab, dass kein Gott sei«. Als in der Traumvision die Toten rufen »Christus! Ist kein Gott?« und Christus antwortet »Es ist keiner« breitet sich das reine Entsetzen aus »Starres, stummes Nichts! Kalte, ewige Notwendigkeit! ... Wie ist jeder so allein in der weiten Leichengruft des Alls! Ich bin nur neben mir.« *Friedrich Nietzsches* toller Mensch zieht nur die Konsequenz »Gott ist tot!« – doch er tut es nicht triumphierend, sondern mit der gleichen Klage, die in Jean Pauls Vision begegnet. Offensichtlich sind wir wie Max Frischs »Stiller« »einfach nicht bereit, ein nichtiger Mensch zu sein«. Oder wir trauern wie Jean Paul Sartre um den Gott, den wir gesucht, aber nicht gefunden haben. »Ich habe das geistliche Gewand abgelegt,« so schreibt er, »aber ich bin nicht abtrünnig geworden: ich schreibe nach wie vor. Was sollte ich sonst tun?« Trifft also Dietrich Bonhoeffers Feststellung zu – »Die mündige Welt ist gottloser und darum gerade Gott-näher als die unmündige Welt«?

Es bleibt der Einwand, dass es die unübersehbare Ungerechtigkeit dieser Welt ist, die mich, wie Iwan Karamasow in Dostojewskis Roman meint, veranlaßt »mein Eintrittsbillet zurückzugeben«. Ist der Glaube wirklich – so fragt Heinrich Heine am Ende seines Gedichts »Laßt die heiligen Parabolen« – »eine Antwort«? »Die Mythe log« – so lässt Gottfried Benn das »Verlorene Ich« bekennen. Doch ist das, was »einst auch das verlorne Ich umschloss« nur Erinnerung? Oder müssen wir nur eine Zeitlang – dem Ratschlag Heinrich Bölls folgend – von Gott schweigen, um hinter den falschen Gottesreden den wirklichen Gott wieder entdecken zu können? Vielleicht ist »im Dreck ja im Dunkel« – so Samuel Beckett – »die Arme wie ein Kreuz« der einzig verbleibende Gestus des Glaubens.

*An der Grenze des Lebens*

»Dein Leben wird in deinem Tod enden,« schreibt *Antonio Porchia* und fährt fort, »nicht für dich; für dich endete es in deinem Leben.« Nur der Mensch weiß mitten im Leben, dass er sterben wird. Das Wissen um den Tod stellt ihn vor die Frage, was es mit dem Ganzen seines Lebens auf sich hat. Aber was hat es mit dem Leben auf sich. »Gilgamesch, *das* Leben, das *Du* suchst, das wirst Du nicht finden!«- spricht die Schlange im uralten Mythos. Wir werden es nicht finden, sagt *Ingeborg Bachmann*, denn »unsere Gottheit, die Geschichte, hat uns ein Grab bestellt, aus dem es keine Auferstehung gibt.« Wir haben es schon verloren, meint *Robert Musil*, denn wir werden eher gelebt als dass wir leben, Vielleicht werden wir es ganz unerwartet finden, so *Marie Luise Kaschnitz*, denn »manchmal stehen wir auf, stehen wir auf zur Auferstehung mitten am Tag.« Nur dann werden wir es finden, gibt der Philosoph Georg Simmel zur Antwort, wenn wir nicht nach »Mehr-Leben« suchen, sondern nach »Mehr-als-Leben«.

Weil es um »Mehr-als-Leben« geht, ist der Tod das große Thema der Religion ebenso wie der Philosophie. Philosophie – so *Platon* – »heißt sterben lernen«, weil sie begreifen lässt, dass der Mensch mehr ist als sein physisches Leben. Religion als Glaube ist – so der *Apostel Paulus* – »Hoffnung gegen alle Hoffnung«, Hoffnung, dass der siebte Tag, wie es bei *Thomas von Aquin* heißt »einen Morgen, aber keinen Abend« hat. Begegnen deshalb die frühesten Zeugnisse der Religion im Ahnenkult als einem Zeichen solcher Hoffnung? »Das Wort ›sein‹«, so vermerkt *Franz Kafka*, »bedeutet im Deutschen beides: Dasein und Ihm gehören.«

Eine Sammlung von Texten, die in Herkunft und Inhalt so unterschiedlich ist, stellt zwangsläufig eher Fragen als dass sie Antworten zu geben vermag. Doch die Frage richtig zu stellen, so weiß der Philosoph, ist bereits die Tür zur Antwort. Die Welt der Moderne – so lassen die Texte vermuten – hat nicht die Antworten verstellt, aber sie hat die Fragen verschärft – und vielleicht dadurch einen neuen Zugang zur Antwort eröffnet, ist es doch – wie Karl Jaspers meint – die Unumgänglichkeit, Gott zu erkennen, und die Unmöglichkeit, ihn zu denken, die das Dilemma der Moderne ausmacht.

Bei der Auswahl der Texte, der ein erster (begrenzterer) Versuch in der *Lektüre zwischen den Jahren* des Insel Verlags von 1983 voraufging, habe ich für Rat und Hilfe zu danken: Hannes Möhle, Maria Burger, Henryk Anzulewicz und Susanna Bullido del Barrio im Albertus-Magnus-Institut in Bonn, Elke Konertz in Berlin und wie immer Ernst Ludwig Grasmück.

Gewidmet ist der kleine Band dem Andenken Klaus Kremers (1918-2007), für den »Gott denken« das Lebensthema war und mit dem mich zehn Jahre fruchtbarer gemeinsamer Arbeit in Trier verbindet.

LUDGER HONNEFELDER

## Autoren- und Quellenverzeichnis

ALBERTUS MAGNUS (1200-1280)
Die Betrachtung der höchsten Wahrheiten ..., S. 13
Aus: De intellectu et intelligibili II tr. 1 c.8, ed. Borgnet 9, S.515 (übertragen von Ludger Honnefelder)
Wir müssen eingestehen ..., S. 32
Aus: Super Dionysii Epistula V, ed. Coloniensis 37,2, S.495 (übertragen von Ludger Honnefelder)

AL GHASÂLI (1058-1111)
Glaube aber nicht ..., S. 68
Aus: Das Elixier der Glückseligkeit, Verlag Diederichs, Düsseldorf 1997 (S. 53f.)

ANSELM VON CANTERBURY
Et quidem credimus ..., S. 20
Aus: Proslogion C.2, Lat.-dt. Ausgabe v. F. S. Schmidt, Verlag Frommann-Holzboog, Stuttgart 1962 (S. 84)

AM ANFANG ALLER DINGE ... (China), S. 9
Aus: Gebete der Menschheit. Religiöse Zeugnisse aller Zeiten und Völker. Herausgegeben von Alfonso M. di Nola. Zusammenstellung und Einleitung der deutschen Ausgabe von Ernst Wilhelm Eschmann. Insel Verlag Frankfurt am Main 1977. insel taschenbuch 238. (S. 96). Lizenzausgabe mit freundlicher Genehmigung des Eugen Diederichs Verlages, Düsseldorf/Köln. © 1973 Ugo Guanda, Parma

ANGELUS SILESIUS (1624-1677)
Der unerkannte Gott, S. 37
Aus: Der Cherubinische Wandersmann. Sinnliche Beschreibung der vier letzten Dinge. Sämtliche Poetische Werke in drei Bänden. Herausgegeben und eingel. von Hans Ludwig Held. Band 3. München 1924. (S. 142)

AURELIUS AUGUSTINUS (354-430)
Tu autem ..., S. 32
In Dir, Herr, liegt der Grund ..., S. 104
Aus: Confessiones 1,1 u. III, 6 Corpus Christianorum Ser. Lat. XXVII. Turnholt 1981. (S. 1 u. 31 ff.) (Übertragen von Ludger Honnefelder)

AUS DEM SONNENLIED DES ECHNATON, S. 17
Auszug aus: Das Sonnenlied des Königs Echnaton. In: Mircea Eliade, Geschichte der religiösen Ideen. Quellentexte. Übersetzt und herausgegeben von Günter Lanczkowski. Herder Verlag, Freiburg – Basel – Wien 1981. (S. 37)

AUS DER LEHRE FÜR KÖNIG MERIKARE (Ägypten), S. 66
Aus: Adolf Erman, Die Literatur der Ägypter. Hinrichs Verlag, Leipzig 1923. (S. 111 f.)

INGEBORG BACHMANN (1926-1973)
Botschaft, S. 129
Aus: Gedichte. Erzählungen. Hörspiele. Essays. R. Piper & Co Verlag, München 1964. (S. 20 f.)

SAMUEL BECKETT (geb. 1906)
nur mich ja allein ..., S. 113
Aus: Wie es ist. Deutsch von Elmar Tophoven. Suhrkamp Verlag, Frankfurt am Main 1961. Bibliothek Suhrkamp 118, 1963. (S. 182)

GOTTFRIED BENN (1886-1956)
Verlorenes Ich ..., S. 88
Aus: Statische Gedichte, Ges. Werke, Band 1: Gedichte, hrsg. von Dieter Wellershoff, Limes Verlag, Wiesbaden 1960 (S. 215 f.)

THOMAS BERNHARD (1931-1989)
Gott hört mich ..., S. 79
Aus: Mein Gebet hört Gott auch, in: Ges. Gedichte, hrsg. von Volker Bohn, Suhrkamp Verlag, Frankfurt am Main 1991 (S. 178).

HEINRICH BÖLL (geb. 1917)
Ich denke, wir sollten Gott…, S. 99
Auszüge aus dem Gespräch mit Heinrich Böll von Dieter-Olaf Schmalstieg.
In: Internationale Dialogzeitschrift 2 (1969) (S. 294)

DIETRICH BONHOEFFER (1906-1945)
Gewiß ist, daß wir immer in der Nähe …, S. 64
Die mündige Welt …, S. 82
Aus: Widerstand und Ergebung. Briefe und Aufzeichnungen aus der Haft. Herausgegeben von Eberhard Bethge. Chr. Kaiser, München 1966 (S. 246 u. 265 f.)

ELISABETH BORCHERS (geb. 1926)
Aber die Seele fliegt auf …, S. 98
Aus: Zeit.Zeit. Gedichte, Suhrkamp Verlag Frankfurt am Main 2006 (S. 19)

BERTOLT BRECHT (1898-1956)
Die Frage, ob es einen Gott gibt, S. 63
Aus: Geschichten vom Herrn Keuner. Suhrkamp Verlag Frankfurt am Main 1967. suhrkamp taschenbuch 16, 1971. (S. 20)

MARTIN BUBER (1878-1965)
Ja, es ist das beladenste …, S. 26
Aus: Gottesfinsternis. Betrachtungen zur Beziehung zwischen Religion und Philosophie, Werke I, Kösel Verlag – Verlag Lambert Schneider, München-Heidelberg 1962 (S. 508ff.)
Vielleicht, S. 34
Frage und Antwort, S. 66
Erfüllung des Gesetzes, S. 72
Die fünfzigste Pforte, S. 100
Aus: Die Erzählungen der Chassidim. Manesse Verlag, Zürich 2006

GEORG BÜCHNER (1813-1837)
Aber ich, war ich allmächtig …, S. 113
Aus: Lenz. In: Werke und Briefe. Erster Band. Herausgegeben von Fritz Bergemann. Insel Verlag Frankfurt am Main 1958. (S. 109)

PAUL CELAN (1920-1960)
Sprich auch du ..., S. 127
Aus: Gedichte. Erster Band, Suhrkamp Verlag, Frankfurt am Main 1975 (S. 135)
Zürich, Zum Storchen, S. 47
Aus: Die Niemandsrose. Ges. Werke, Band 1, Suhrkamp Verlag, Frankfurt am Main 1983 (S. 214)

PAUL CLAUDEL (1868-1955)
So stand es um das unglückliche Kind ..., S. 54
Aus: Paul Claudel. Mit einem Nachwort von Robert Grosche, F.H. Kerle Verlag, Heidelberg 1962 (S. 10 f.)

JEAN COCTEAU (1889-1963)
Die einen glauben ..., S. 29
Aus: Orphée, Werkausgabe Band 8, Fischer Taschenbuch Verlag, Frankfurt am Main 1988 (S. 266)

DANTE ALIGHIERI (1265-1321)
»Du unser Vater ...«, S. 138
Aus: Die göttliche Komödie. Elfter Gesang. Deutsch von Friedrich Freiherrn von Falkenhausen. Copyright der deutschen Übertragung Insel Verlag 1937. insel taschenbuch 94, 1974. (S. 201)

DAS WESSOBRUNNER GEBET (8. Jh.), S. 9
Aus: Älteste deutsche Dichtungen. Übersetzt und herausgegeben von Karl Wolfskehl und Friedrich von der Leyen. Insel Verlag Frankfurt am Main 1964. Insel-Bücherei 432. (S. 17)

DEUTERONOMIUM 6, 4-9, S. 18
Aus: Die Bibel. Einheitsübersetzung der Heiligen Schrift. Katholische Bibelanstalt, Stuttgart 1980. (S. 185)

DENIS DIDEROT (1713-1784)
Nach dem Bild ... S. 115
Aus: Pensées philosophiques IX, Edition Flammarion 2007 (Übertragen von Ludger Honnefelder)

DIE PARABEL VON DEN ZWEI EDELSTEINEN, S. 20
Aus: Micha Josef bin Gorion, Born Judas. Altjüdische Legenden und Volks-
erzählungen. Aus dem Hebräischen von Rahel bin Gorion. Auswähl und
Nachwort von Emanuel bin Gorion. Insel Verlag Frankfurt am Main 1981.
insel taschenbuch 529. (S. 159-160)

DION CHRYSOSTOMOS (40-117 n. Chr.)
Wie Kinder.. ., S. 12
Aus: Oratorio XII. Orationes. Band 2. The Loeb classical Library 339.
Cambridge Mass. Reprint 1950. (Übertragen von Ludger Honnefelder)

HILDE DOMIN (1909-2006)
Nimm eine Kerze in die Hand …, S. 75
Aus: Nur eine Rose als Stütze. Gedichte, S. Fischer Verlag, Frankfurt am
Main 1994 (S.50f.)

FEDOR M. DOSTOJEWSKI (L821-L88L)
Iwan schwieg …, S. 112
Aus: Die Brüder Karamasow I. In: Die großen Romane in acht Bänden.
Sechster Band. Aus dem Russischen von Karl Nötzel. Insel Verlag Frankfurt
am Main 1921, 1981. (S. 418-422)

FRIEDRICH DÜRRENMATT (1921-1990)
An Gott glauben?, S. 23
Aus: Denken mit Dürrenmatt, Diogenes Verlag, Zürich 1982

ALBERT EINSTEIN (1879-1955)
Wie ich die Welt sehe …, S. 22
Aus: Mein Weltbild, Europa Verlag, Zürich 1953 (S. 10 f.)

EXODUS 3, 1-6, 12-15, S. 11
Aus: Die Bibel. Einheitsübersetzung der Heiligen Schrift. A. a. O. (S. 67-
68)

LUDWIG FEUERBACH (1804-1872)
Wie der Mensch sich Gegenstand …, S. 29
Aus: Das Wesen des Christentums (1841), Werke 5, Suhrkamp Verlag,
Frankfurt am Main 1976 (S.30)

MAX FRISCH (geb. 1911) Im Grunde, ehrlich genommen ..., S. 102
Aus: Stiller. Suhrkamp Verlag Frankfurt am Main 1954. suhrkamp taschenbuch 105, 1973. (S. 324; 343)

MAHATMA GANDHI (1869-1948)
Das tägliche Gebet, S. 78
Aus: Die schönsten Gebete der Welt. Der Glaube großer Persönlichkeiten. Zusammengestellt von Christoph Einiger. Südwest Verlag, München 1964. (S. 200)

PAUL GERHARDT (1607-1676)
O Haupt voll Blut und Wunden ..., S. 137
Aus: An das Angesicht des Herrn Jesu. In: Geistliche Gedichte. Eine Anthologie deutscher religiöser Lyrik von den Anfängen bis zur Gegenwart. Herausgegeben von Hans-Rüdiger Schwab. Insel Verlag Frankfurt am Main 1982. insel taschenbuch 668. (S. 74-76)

GILGAMESCH
Als er aus dem Brunnen stieg ..., S. 128
Aus: Als die Götter noch mit den Menschen sprachen. Gilgamesch und Endiku. Nach sumerischen und babylonischen Keilschriftquellen zusammengestellt und nacherzählt von Victoria Brochhoff und Hermann Lauloech. Herderbücherei-Band 896. Herder Verlag, Freiburg i. Br. 1981. (S. 143 f.)

JOHANN WOLFGANG GOETHE (1749-1832)
Schau nicht Aug' in Auge ..., S. 19
Aus: Faust. Erster Teil. Insel Verlag Frankfurt am Main 1974. insel taschenbuch 50. (S. 150)

ROMANO GUARDINI (1858-1968)
Mein Selbst kann nicht ..., S. 76
Aus: Welt und Person, Versuche zur christlichen Lehre vom Menschen, Werke. Matthias Grünewald Verlag, Mainz 1988. (S. 38 u. 40)

HEINRICH HEINE (1797-1856)
Laß die heiigen Parabolen ..., S. 105
Aus: Gedichte. In: Werke. Erster Band. Ausgewählt und herausgegeben von

Christoph Siegrist u. a. Mit einer Einleitung von Hans Mayer. Insel Verlag Frankfurt am Main 1968. (S. 241 f.)

HERMANN HESSE (1877-1962)
Beim Aufgang der Sonne ..., S. 14
Aus: Siddhartha. Eine indische Dichtung. Suhrkamp Verlag Frankfurt am Main 1953. Copyright 1953 by Hermann Hesse, Montagnola. suhrkamp taschenbuch 182, 1974. (S. 26-28)
Auch zu mir kommst du einmal ..., S. 131
Aus: Stufen. Ausgewählte Gedichte, Suhrkamp Verlag Frankfurt am Main 1972 (S.111)

MAX HORKHEIMER (1895-1973)
Das Wissen um die Verlassenheit ..., S. 29
In einer wirklich freiheitlichen Gesinnung ..., S. 63
Aus: Die Sehnsucht nach dem Anderen. Ein Interview mit Kommentar von Helmut Gumnior, Fusche-Verlag, Hamburg 1970 (S. 57 u. 54)

ALDOUS HUXLEY (1894-1963)
Ich brauche keine Bequemlichkeiten ..., S. 5
Kunst, Wissenschaft – euer Glück ..., S. 122
Aus: Schöne neue Welt. Ein Roman der Zukunft. S. Fischer Verlag, Frankfurt am Main 1983. (S. 200-208)

WILLIAM JAMES (1842-1910)
Würde man gebeten ..., S. 63
Aus: Die Vielfalt religiöser Erfahrung, Dritte Vorlesung, Insel Verlag, Frankfurt am Main 1997 (S.85)

JEREMIA 31, 33 f., S. 62
Aus: Die Bibel. Einheitsübersetzung der Heiligen Schrift. A. a. O. (S.901)

JOHANNES DUNS SCOTUS (1265/6-1308)
Das unendliche Seiende ..., S. 33
Aus: Quodlibetum q.5 n.4, Opera omnia ed. Vivès XXV (S.200)
Mag auch der Mensch ..., S. 77
Aus: Ordinatio IV d.26 n.10, Opera omnia ed. Vivès XIX (S.161)
(Übertragen von Ludger Honnefelder)

UWE JOHNSON (geb. 1934) Jonas zum Beispiel, S. 73
Aus: Karsch, und andere Prosa. Nachwort von Walter Maria Guggenheimer. Suhrkamp Verlag Frankfurt am Main 1964. edition suhrkamp 59. (S. 82-84)

JAMES JOYCE (1882-1941)
Stattlich und feist erschien Buck Mulligan ..., S. 83
Aus: Ulysses. Übersetzt von Hans Wollschläger. © der deutschen Ausgabe Suhrkamp Verlag Frankfurt am Main 1975. edition suhrkamp Neue Folge 100, 1981. (S. 7 f.)

FRANZ KAFKA (1883-1924)
Vor dem Gesetz, S. 62
Aus: Erzählungen. S. Fischer Verlag, Frankfurt am Main 1980. (S. 120 f.)
»Daß es uns am Glauben fehle ...«, S. 79
Ein erstes Zeichen ..., S. 136
Das Wort »sein« bedeutet im Deutschen ..., S. 140
Aus: Hochzeitsvorbereitungen auf dem Lande und andere Prosa. S. Fischer Verlag, Frankfurt am Main 1980. (S. 31, 33)

IMMANUEL KANT (1724-1804)
Zwei Dinge erfüllen das Gemüt. .., S. 46
Aus: Kritik der praktischen Vernunft. Werkausgabe VII. Herausgegeben von Wilhelm Weischedel. Insel Verlag Wiesbaden 1956. suhrkamp taschenbuch Wissenschaft 56,. 1977. (S. 300)

MARIE LUISE KASCHNITZ (1901-1974)
Auferstehung, S. 135
Aus: Überallnie. Gedichte. Econ Verlag, Düsseldorf 1962. (S. 172)

SØREN KIERKEGAARD (1813-1855)
Man steckt den Finger ..., S. 70
Aus: Die Wiederholung. Übers. v. H.-C. Ketels, H. Gottsched u. Chr. Schrempf, Gesammelte Werke 3, Diederichs Verlag, Jena 1923 (S. 182 ff.)
Weil Gott nicht Objekt sein kann ..., S. 104
Aus: Die Tagebücher 1834-1855. Ausgewählt und übertragen von Theodor Haecker. Kösel-Verlag, München 1949. (S. 225)

LESZEK KOLAKOWSKI (geb. 1927)
Inständig baten wir Gott ..., S. 84
Aus: Die Sorge um Gott in einem scheinbar gottlosen Zeitalter, in: H. Roessner (Hg.) Der nahe und der ferne Gott, Verlag Severin und Siedler, Berlin 1981 (S. 18)

MARTIN LUTHER KING (1929-1968)
Das Licht ist in die Welt gekommen, S. 81
Aus: Überredung zu Weihnachten. Herausgegeben von Gerhard Rein. Franz Ehrenwirth Verlag, München 1968. (S. 5)

WOLFGANG KOEPPEN (geb. 1906)
Die Frage, wie ich zu Gott stehe ..., S. 35
Aus der Antwort auf eine Umfrage »Wie stehen Sie zu Gott?« in: ›Die Welt‹ vom 24. 12. 1951
Schnakenbachs Weltbild war unmenschlich ..., S. 24
Aus: Tauben im Gras. Roman. © 1951 by Scherz und Goverts Verlag GmbH, Stuttgart. Alle Rechte vorbehalten durch Suhrkamp Verlag, Frankfurt am Main, suhrkamp taschenbuch 601, 1980. (S. 194-195)

KONFUZIUS (551 v. Chr. – 479 v. Chr.)
Konfuzius sprach (Lun Yü 11,4), S. 67
Aus: Mircea Eliade, Geschichte der religiösen Ideen. Quellentexte. A. a. O. (S. 377)

KORAN
Sure LIX, 23-25, S. 18
Aus: Mircea Eliade, Geschichte der religiösen Ideen. Quellentexte. A. a. O. (S. 74)

LAO-TSE (um 300 v. Chr.)
Andere durchschauen ist Umsicht... (Der dreiunddreißigste Spruch), S. 81
Aus: Die Bahn und der rechte Weg des Lao-Tse. Der Chinesischen Urschrift nachgedacht von Alexander Ular. Copyright by Insel Verlag 1903. Insel-Bücherei 991, 1976. (S. 39)

ELSE LASKER-SCHÜLER (1869-1945)
Gebet, S. 103
Aus: Gedichte. 1902-1943. Herausgegeben von Friedhelm Kemp. Kösel-Verlag, München 1959. (S. 288)

HENRI DE LUBAC (geb. 1896)
Hat wohl Moses recht oder Xenophanes?. .., S. 13
Gott des Intellekts ..., S. 28
Aus: Vom Erkennen Gottes. Herder Verlag, Freiburg i. Br. 1949. (S. 3 u. 76)

LUKAS 4, 16-19, S. 49
Aus: Die Bibel. Einheitsübersetzung der Heiligen Schrift. A.a.O. (S. 1147 f.)

MARTIN LUTHER (1483-1546)
Du sollst keine anderen Götter ..., S. 27
Aus: Werke. Kritische Gesamtausgabe, Band 30, I. Böhlau Verlag, Weimar 1883 ff. (S. 133)
Ich aber, der ich ..., S. 56
Auszug aus: Vorrede zum ersten Band der Wittenberger Ausgabe der lateinischen Schriften Luthers. In: Ausgewählte Schriften. Herausgegeben von Karin Bornkamm und Gerhard Ebeling. Erster Band. Insel Verlag Frankfurt am Main 1982. (S. 22-24)

THOMAS MANN (1875-1955)
Vieles noch wußte Urvater ..., S. 11
Aus: Joseph und seine Brüder. S. Fischer Verlag, Frankfurt am Main 1981. (S. 319)

C. PLINIUS MAIOR (23-77 n.- Chr.) Deus est..., S. 67
Aus: Naturalis Historia II. Herausgegeben von Roderich König in Zusammenarbeit mit Gerhard Winkler, o. O. 1974 (Übertragen von Ludger Honnefelder)

MECHTHILD VON MAGDEBURG (1207-1281)
Ich dachte einst ..., S. 59

163

Aus: Das fließende Licht der Gottheit 3. Buch, Wissenschaftliche Buchgesellschaft, Darmstadt 1989 (Übertragen von Ludger Honnefelder)

MEISTER ECKHART (1260-1328)
Soll die Seele Gott erkennen ..., S. 44
Aus: Predigt 36. Predigten und Traktate. Herausgegeben und übersetzt von Josef Quint. © 1963, 5. Auflage 1978. Carl Hanser Verlag, München-Wien. (S. 325-327)
Dass ich ein Mensch bin ..., S.65
Aus: Prediger 31. Deutsche Predigten und Traktate, Diogenes Verlag, Zürich 1979

HELMUT JAMES GRAF MOLTKE (1907-1945)
Mein Herz, mein Leben ist vollendet..., S. 139
Aus: Letzte Briefe aus dem Gefängnis Tegel. Karl Henssel Verlag, Berlin 1981. (S. 83)

ROBERT MUSIL (1880-1942)
Es waren nur Sekunden ..., S. 125
Aus: Der Mann ohne Eigenschaften. In: Gesammelte Werke. Copyright © 1978 by Rowohlt Taschenbuch Verlag GmbH, Reinbek bei Hamburg. (S. 130 f.)

FRIEDRICH NIETZSCHE (1844-1900)
Noch einmal ..., S. 30
Aus: Werke und Briefe. Historisch-kritische Gesamtausgabe hrsg. von Hans Joachim Melbe, Karl Schlechta und Carl Koch, Band 2, Verlag C. H. Beck, München 1933. (S. 428)
Der tolle Mensch, S. 96
Aus: Der tolle Mensch, Die fröhliche Wissenschaft. A. Kröner Verlag, München (Stuttgart) 1976. (S. 140-141)

NIKOLAUS VON KUES
Nicht das, was die Vernunft ..., S. 37
Aus: De visione dei XVI, in: Philosophisch-theologische Schriften, hrsg. von Leo Gabriel, übers. von Dietlind und Wilhelm Dupré. Band III, Verlag Herder, Wien 1967. (S. 167)

OFFENBARUNG 22,4 f-› S. 139
Aus: Die Offenbarung des Johannes. Die Bibel. Einheitsübersetzung der Heiligen Schrift. A. a. O. (S. 1394)

BLAISE PASCAL (1623-1662)
Mémorial, S. 38
Aus: Vermächtnis eines großen Herzens. Die kleinen Schriften, übertr. u. hrsg. von Wolfgang Rüttenauer, Dieterich'sche Verlagsbuchhandlung, Leipzig 1938. (S. 126 ff.)
Pensées Nr. 277, S. 40
Pensées Nr. 527, S. 40
Aus: Größe und Elend des Menschen. Aus den »Pensées«. Auswahl, Übersetzung und Nachwort von Wilhelm Weischedel. Insel Verlag, Frankfurt am Main 1979. inseI taschenbuch 441. (S. 93 u. 101)
Nur ein Schilfrohr ..., S. 74
Aus: Über die Religion (Pensées) 347, übertr. u. hrsg. v. E. Wasmuth, Verlag Lambert Schneider Heidelberg 1963 (S. 167)

BORIS PASTERNAK (1890-1960)
Lara war nicht fromm ..., S. 49
Aus: Doktor Schiwago. S. Fischer Verlag, Frankfurt am Main 1957/58. (S. 62 f.)

JEAN PAUL (1763-1825)
Rede des toten Christus ..., S. 90
Aus: Werke. Band 2. Herausgegeben von Gustav Lohmann. Carl Hanser Verlag, München 1959. (S. 266-271)

PAULUS (1. Jahrhundert n. Chr.)
1. Brief an die Konrinther 1, 22-25, S. 52
Aus: Die Bibel. Einheitsübersetzung der Heiligen Schrift. A. a. O. (S. 1268)

PLATON (427-347 v. Chr.) Also müßt auch ihr, Richter ..., S. 134
Aus: Sämtliche Werke. Band 1. Klassiker 1. Copyright © 1957 by Rowohlt Taschenbuch Verlag GmbH, Reinbek bei Hamburg. (S. 31)

PLOTIN (205-270)
Er ist mehr ..., S. 17

Aus: Enneaden V 3,14, in: Seele – Geist – Eines. Enneade IV 8, V 4, V 1, V 6 und V 3, übers. von Richard Harder, eingel. von Klaus Kremer, Felix Meiner Verlag, Hamburg 1990. (S. 117)

ANTONIO PORCHIA (1885-1968)
Ich hatte einen Gott ..., S. 85
Dein Leben wird in deinem Tod enden ..., S. 129
Aus: Voces abandonades/Verlassene Stimmen, Tropen Verlag bei Verlag Klett-Cotta, Stuttgart 2002. (S.46 u. 107)

PREDIGER 3, 1-7, S. 7
Aus: Die Bibel. Buch der Prediger. (Übertragen von Ludger Honnefelder)

PROTAGORAS (480-410 v. Chr.)
Über die Götter ..., S. 12
Aus: Fragment 4. In: Die Fragmente der Vorsokratiker. Griechisch und deutsch von Herman Diehl. Herausgegeben von Walther Kranz. Band II. Weidmannsche Verlags-Anstalt, Triesenberg/Belgien 1903, 1974. (S. 265)

KARL RAHNER (1904-1984)
Gott ist nicht ein Stück dieser Welt ..., S. 25
Aus: Glaubst du an Gott?, Verlag Ars sacra, München 1967 (S.78f.)
Wem sage ich denn ..., S. 80
Aus: Worte ins Schweigen, Verlag Felizian Rauch, Innsbruck 6.AM. 1954. (S.8f.)

RIGVEDA X, 129, 1-2
Der Himmel liebt die Erde, S. 8
Aus: Paul Deussen. Allgemeine Geschichte der Philosophie. Band 1, 1. Abteilung. Brockhaus Verlag, Leipzig 1894. (S. 126)

RAINER MARIA RILKE (1875-1926)
Gebet, S. 33
Aus: Sämtliche Werke in zwölf Bänden. Werkausgabe. Herausgegeben vom Rilke Archiv. In Verbindung mit Ruth Sieber-Rilke besorgt durch Ernst Zinn. Band 6. Insel Verlag Frankfurt am Main 1975. (S. 701)

NELLY SACHS (1891-1970)
Wenn die Propheten einbrächen ..., S. 59
Aus: Ausgewählte Gedichte. Nachwort von Hans Magnus Enzensberger. Suhrkamp Verlag Frankfurt am Main 1963. edition suhrkamp 18. (S. 26 f.)
Chor der Steine, S. 123
Aus: Das Buch der Nelly Sachs. Herausgegeben von Bengt Holmqvist. Suhrkamp Verlag Frankfurt am Main 1968. suhrkamp taschenbuch 398, 1977. (S. 82 f.)

JEAN PAUL SARTRE (1905-1980)
Ich ahnte die Religion voraus ..., S. 85
Im Jahr 1917 ..., S. 85
Aus: Die Wörter. Copyright © 1955 by Rowohlt Verlag GmbH, Reinbek bei Hamburg. (S. 56 u. 142 ff.)

FRIEDRICH SCHILLER (1759-1805)
Die Worte des Glaubens, S. 69
Aus: Schillers Klassische Lyrik. Ausgewählt und mit einem Nachwort versehen von Emil Staiger. Insel Verlag Frankfurt am Main 1967. Insel-Bücherei 525. (S. 88 f.)

SHVETASHAVATARA-UPANISHAD III, 8.10.12, S. 8
Aus: Mircea Eliade, Geschichte der religiösen Ideen. A. a. O. (S. 49)

BOTHO STRAUSS (geb. 1944)
Es ist lachhaft.. ., S. 76
Gott ist von allem ..., S. 76
Auszüge aus: Paare, Passanten. © 1981, 6. Auflage 1982. Carl Hanser Verlag, München – Wien. (S. 177)

TERESA VON AVILA (1515-1582)
Geduld erreicht alles, S. 79
Aus: Sämtliche Schriften der heiligen Theresia von Jesu. Band 6. Kösel-Verlag, München und Kempten 1963. (S. 295)

THOMAS VON AQUIN (1225-1275)
Gott vermögen wir in diesem Leben ..., S. 32
Aus: De virtutibus q.2 a. 10
Der siebente Tag hat einen Morgen ..., S. 140
Aus: Sentenzenkommentar II, 15, 3, 2, 8 (im Anschluß an Sermo IX,6 des Augustinus).
In: Thomas von Aquin. Auswahl, Übersetzung und Einleitung von Josef Pieper. S. Fischer Verlag, Frankfurt am Main 1957. Mit Genehmigung des Kösel-Verlags, München. (S. 105; S. 213)

THOMAS VON CELANO (um 1215-1260)
Franz von Assisi: Fand er irgendwo Blumen ..., S. 77
Aus: Franz von Assisi. Geliebte Armut. Texte von und über den Poverello. Ausgewählt und eingeleitet von Gertrude und Thomas Sartory. Herder Verlag, Freiburg i. Br. 1977. (S. 98)

TSCHUANG-TSE (4. Jahrhundert v. Chr.) Das Saitenspiel des Gelben Kaisers, S. 40 Das ewige Sterben, S. 132
Aus: Reden und Gleichnisse des Tschuang-Tse. Ausgewählt und mit einem Nachwort von Martin Buber. Insel Verlag, Leipzig 1912. insel taschenbuch 205, 1976. (S. 52-54; S. 68-69)

KURT TUCHOLSKY (1890-1935)
Wenn ich jetzt sterben müßte ..., S. 5
Aus: Sudelbuch. Letzter Eintrag, Rowohlt Verlag GmbH, Reinbek bei Hamburg 1993.

UDANA VIII, 1-4, S. 130
Aus: M. Winternitz, Der ältere Buddhismus. Religionsgeschichtliches Lesebuch 11. Herausgegeben von Alfred Bertholet. J. C. B. Mohr (Paul Siebeck), Tübingen 1929 (2. erw. Auflage). (S. 108-109)

MARTIN WALSER (geb.1927)
Woran Gott stirbt ..., S. 114
Aus: Woran Gott stirbt. Über Georg Büchner, Werke Band 12, Suhrkamp Verlag, Frankfurt am Main 1997. (S.429)

ROBERT WALSER (1878-1956)
Bisweilen ..., S. 53
Aus: Weinenden Herzens. In : Das Gesamtwerk in 12 Bänden. Herausgegeben von Jochen Greven. Suhrkamp Verlag Zürich 1978. Mit Genehmigung der Inhaberin der Rechte, der Carl Seelig-Stiftung, Zürich. Band VII: Gedichte und Dramolette. Herausgegeben von Robert Mächler. © Verlag Helmut Kossodo, Genf und Hamburg 1971. (S. 21)

SIMONE WEIL (1909-1943)
Jeden Glauben abweisen ..., S. 79
Aus: Schwerkraft und Gnade. Mit einer Einführung von Gustave Thibon. Kösel-Verlag, München. Neuauflage 1981. (S. 75)

LUDWIG WITTGENSTEIN (1889-1951)
An einen Gott glauben heißt sehen ..., S. 5
Die Lösung des Problems des Lebens ..., S. 31
Aus: Tagebücher 1914-1916. In: Schriften Band 1. Suhrkamp Verlag Frankfurt am Main 1969. (S. 167; S. 166-167)
Wovon man nicht sprechen kann ..., S. 140
Aus: Tractatus logico-philosophicus. Logisch-philosophische Abhandlung. Suhrkamp Verlag Frankfurt am Main 1960, edition suhrkamp 12, 1963. (S. 114; S. 115)
Der ehrliche religiöse Denker ..., S. 78
Aus: Vermischte Bemerkungen, Werke Bd.8, Suhrkamp Verlag, Frankfurt am Main 1989 (S.554)

XENOPHANES (580/77-485/80 v. Chr.)
Doch wähnen die Sterblichen ..., S. 12
Aus: Fragment 14. In: Die Fragmente der Vorsokratiker. A. a. O. Band I. (S. 132)

CARL ZUCKMAYER (1896-1977)
Und det Janze? ..., S. 106
Auszug aus: Der Hauptmann von Köpenick. Ein deutsches Märchen in drei Akten. S. Fischer Verlag, Frankfurt am Main 1983. (S. 91-92)

## Inhalt

| | |
|---|---|
| KURT TUCHOLSKY, Wenn ich jetzt sterben müßte .... | 5 |
| ALDOUS HUXLEY, Ich brauche keine Bequemlichkeiten ................................. | 5 |
| LUDWIG WITTGENSTEIN, An einen Gott glauben ..... | 5 |

### Suche nach dem Ursprung

| | |
|---|---|
| PREDIGER 3, 1-7 ............................. | 7 |
| RIGVEDA X, 129, 1-2 ......................... | 8 |
| SHVETÄSHAVATARA-UPANISHAD III, 8. 10. 12 ...... | 8 |
| AM ANFANG ALLER DINGE (CHINA) ................ | 9 |
| DAS WESSOBRUNNER GEBET ....................... | 9 |
| EXODUS 3, 1-6, 12-15 ......................... | 10 |
| THOMAS MANN, Vieles noch wußte Urvater ........ | 11 |
| PROTAGORAS, Über die Götter ................... | 12 |
| XENOPHANES, Doch wähnen die Sterblichen ....... | 12 |
| DION CHRYSOSTOMOS, Wie Kinder ................. | 12 |
| HENRI DE LUBAC, Hat wohl Moses recht .......... | 13 |
| ALBERTUS MAGNUS, Die Betrachtung .............. | 13 |
| AUS DEM SONNENLIED DES ECHNATON ............... | 17 |
| HILDEGARD VON BINGEN, Der Mensch hat nicht die Macht ................................. | 17 |
| PLOTIN, Er ist mehr und größer ................ | 17 |
| DEUTERONOMIUM 6, 4-9 .......................... | 18 |
| KORAN LIX, 23-25 .............................. | 18 |
| MARTIN LUTHER, Das erste Gebot ................ | 19 |
| ANSELM VON CANTERBURY, Et quidem ............... | 20 |

| | |
|---|---|
| JOHANN WOLFGANG VON GOETHE, Schau ich nicht ... | 20 |
| DIE PARABEL VON DEN ZWEI EDELSTEINEN ........... | 24 |
| ALBERT EINSTEIN, Wie ich die Welt sehe .......... | 23 |
| FRIEDRICH DÜRRENMATT, An Gott glauben? ........ | 24 |
| WOLFGANG KOEPPEN, Schnakenbachs Weltbild ...... | 25 |
| KARL RAHNER, Gott ist nicht ein Stück der Welt .... | 26 |
| MARTIN BUBER, Menschenworte ................. | 27 |

### Erfahrungen des Göttlichen

| | |
|---|---|
| HENRI DE LUBAC, Gott des Intellekts ............. | 28 |
| JEAN COCTEAU, Die einen glauben ............... | 29 |
| LUDWIG FEUERBACH, Wie der Mensch ............. | 29 |
| MAX HORKHEIMER, Das Wissen .................. | 29 |
| FRIEDRICH NIETZSCHE, Dem unbekanten Gott ...... | 30 |
| LUDWIG WITTGENSTEIN, Die Lösung des Problems ... | 31 |
| LUDWIG WITTGENSTEIN, An einen Gott glauben ..... | 31 |
| LUDWIG WITTGENSTEIN, Wir fühlen, daß selbst ...... | 31 |
| ALBERT MAGNUS, Wir müssen aus ................ | 32 |
| THOMAS VON AQUIN, Gott vermögen wir in diesem Leben ................................. | 32 |
| AUGUSTINUS, Tu autem ....................... | 32 |
| JOHANNES DUNS SCOTUS, Das unendliche Seiende ... | 33 |
| RAINER MARIA RILKE, Gebet .................... | 33 |
| MARTIN BUBER, Vielleicht ...................... | 34 |
| MARTIN BUBER, Frage und Antwort ............... | 35 |
| WOLFGANG KOEPPEN, Die Frage, wie ich zu Gott stehe | 35 |
| ANGELUS SILESIUS, Der unerkannte Gott .......... | 37 |
| NIKOLAUS VON KUES, Nicht das, was. ............. | 37 |
| BLAISE PASCAL, Memorial ...................... | 38 |

| | |
|---|---|
| BLAISE PASCAL, Pensées Nr. 277 .................. | 40 |
| BLAISE PASCAL, Pensées Nr. 527 .................. | 40 |
| TSCHUANG-TSE, Das Saitenspiel des Gelben Kaisers .. | 41 |
| MEISTER ECKHART, Soll die Seele Gott erkennen ..... | 44 |
| IMMANUEL KANT, Zwei Dinge erfüllen das Gemüt ... | 45 |
| PAUL CELAN, Zürich, Zum Storchen ............. | 48 |
| LUKAS 4, 16-19 ............................... | 49 |
| BORIS PASTERNAK, Lara war nicht fromm ........... | 49 |
| PAULUS, 1. Brief an die Korinther 1, 22-25......... | 52 |
| ROBERT WALSER, Bisweilen...................... | 53 |
| PAUL CLAUDEL, So stand es um das unglückliche Kind | 54 |
| MARTIN LUTHER, Ich aber, der ich .............. | 56 |

## Veränderung des Lebens

| | |
|---|---|
| NELLY SACHS, Wenn die Propheten einbrächen ..... | 58 |
| MECHTHILD VON MAGDEBURG, Ich dachte einst ....... | 59 |
| FRANZ KAFKA, Vor dem Gesetz .................. | 60 |
| JEREMIA 31, 33-34 ............................ | 62 |
| BERTOLT BRECHT, Die Frage, ob es einen Gott gibt ... | 63 |
| WILLIAM JAMES, Würde man gebeten ............. | 63 |
| MAX HORKHEIMER, In einer wirklich freiheitlichen Gesinnung ............................. | 63 |
| DIETRICH BONHOEFFER, Gewiß ist, daß wir immer in der Nähe.................................. | 64 |
| MEISTER ECKHART, Daß ich ein Mensch bin ........ | 65 |
| AUS DER LEHRE FÜR KÖNIG MERIKARE............... | 66 |
| MARTIN BUBER, Erfüllung des Gesetzes ..... ...... | 66 |

| | |
|---|---|
| KONFUZIUS, Konfuzius sprach ................. | 67 |
| C. PLINIUS MAIOR, Deus est .................... | 67 |
| AL GHASÂLI, Glaube aber nicht ................ | 68 |
| FRIEDRICH SCHILLER, Die Worte des Glaubens ....... | 69 |
| SØREN KIERGEGAARD, Man steckt ................ | 70 |
| UWE JOHNSON, Jonas zum Beispiel ............. | 71 |
| BLAISE PASCAL, Nur ein Schilfrohr ............. | 74 |
| HILDE DOMIN, Nimm eine Kerze ............... | 75 |
| FRANZ KAFKA, Daß es uns an Glaube fehle ......... | 76 |
| BOTHO STRAUSS, Es ist lachhaft ................. | 76 |
| ROMANO GUARDINI, Mein Selbst ............... | 76 |
| BOTHO STRAUSS, Gott ist von allem ............. | 76 |
| THOMAS VON CELANO, Franz von Assisi ........... | 77 |
| JOHANNES DUNS SCOTUS, Mag auch der Mensch ..... | 77 |
| MAHATMA GANDHI, Das tägliche Gebet .......... | 78 |
| LUDWIG WITTGENSTEIN, Der ehrliche religiöse Denker | 78 |
| TERESA VON AVILA, Geduld erreicht alles ... ....... | 79 |
| SIMONE WEIL, Jeden Glauben abweisen .......... | 79 |
| THOMAS BERNHARD, Gott hört mich ............. | 79 |
| KARL RAHNER, Was sage ich denn ............... | 80 |
| MARTIN LUTHER KING, Das Licht ist in die Welt gekommen ............................... | 81 |
| LAO-TSE, Andre durchschauen ist Umsicht ........ | 81 |

### Abwesenheit Gottes

| | |
|---|---|
| DIETRICH BONHOEFFER, Die mündige Welt ......... | 82 |
| JAMES JOYCE, Stattlich und feist erschien Buck Mulligan ................................ | 82 |

| | |
|---|---|
| LESZEK KOLAKOWSKI, Inständig baten wir Gott | 84 |
| JEAN PAUL SARTRE, Ich ahnte die Religion voraus | 85 |
| ANTONIO PORCHIA, Ich hatte einen Gott | 85 |
| JEAN PAUL SARTRE, Im Jahr 1917 | 85 |
| GOTTFRIED BENN, Verlorenes Ich | 88 |
| GOTTFRIED BENN, Woher, wohin | 89 |
| JEAN PAUL, Rede des toten Christus | 90 |
| FRIEDRICH NIETZSCHE, Der tolle Mensch | 96 |
| ELISABETH BORCHERS, Aber die Seele fliegt | 98 |
| MARTIN BUBER, Die fünfzigste Pforte | 99 |
| HEINRICH BÖLL, Ich denke, wir sollten Gott | 100 |
| MAX FRISCH, Im Grunde, ehrlich genommen | 102 |
| ELSE LASKER-SCHÜLER, Gebet | 103 |
| AURELIUS AUGUSTINUS, In Dir, Herr, liegt der Grund | 104 |
| SØREN KIERKEGAARD, Weil Gott nicht Objekt sein kann | 104 |
| HEINRICH HEINE, Laß die heiligen Parabolen | 105 |
| CARL ZUCKMAYER, Und det Janze? | 106 |
| FEDOR M. DOSTOJEWSKI, Iwan schwieg | 108 |
| SAMUEL BECKETT, nur mich ja allein. | 113 |
| GEORG BÜCHNER, Aber ich, war ich allmächtig | 113 |
| MARTIN WALSER, Woran Gott stirbt | 114 |
| DENIS DIDEROT, Bild vom höchsten Wesen | 115 |
| ALDOUS HUXLEY, Kunst, Wissenschaft – euer Glück | 116 |

### An der Grenze des Lebens

| | |
|---|---|
| NELLY SACHS, Chor der Steine | 123 |
| ROBERT MUSIL, Es waren nur Sekunden | 125 |

| | |
|---|---|
| PAUL CELAN, Sprich auch du | 127 |
| GILGAMESCH, Als er aus dem Brunnen stieg | 128 |
| ANTONIO PORCHIA, Dein Leben wird in deinem Tod enden | 129 |
| INGEBORG BACHMANN, Aus der leichenwarmen Vorhalle | 129 |
| UDANA VIII, 1-4 | 130 |
| HERMANN HESSE, Bruder Tod | 131 |
| TSCHUANG-TSE, Das ewige Sterben | 132 |
| PLATON, Also müßt auch ihr, Richter | 134 |
| MARIE LUISE KASCHNITZ, Auferstehung | 135 |
| FRANZ KAFKA, Ein erstes Zeichen | 136 |
| PAUL GERHARDT, O Haupt voll Blut und Wunden | 137 |
| DANTE ALIGHIERI, Du unser Vater | 138 |
| HELMUT JAMES GRAF MOLTKE, Mein Herz, mein Leben ist vollendet | 139 |
| OFFENBARUNG 22, 4-5 | 139 |
| FRANZ KAFKA, Das Wort »sein« bedeutet im Deutschen | 140 |
| THOMAS VON AQUIN, Der siebente Tag hat einen Morgen | 140 |
| LUDWIG WITTGENSTEIN, Wovon man nicht sprechen kann | 140 |

Gott denken? – Ein Nachwort . . . . . . . . . . . . . . . . . 142

Autoren- und Quellenverzeichnis. . . . . . . . . . . . . . 154